한나 아렌트와 마틴 하이데거

한나 아렌트와 마틴 하이데거

Hannah Arendt / Martin Heidegger

엘즈비에타 에팅거 지음
황은덕 옮김

산지니

나의 딸, 마이아 에팅거, 그리고

그녀의 아버지 만프레드 라흐에게

차례

감사의 말   9

서문   11

한나 아렌트와 마틴 하이데거   25

주(註)   223

역자후기   233

감사의 말

뉴욕의 한나 아렌트 재단, 워싱턴 D.C.의 의회도서관, 독일 마르바흐의 독일문서보관소에 자료 이용을 허가해 준 것에 대해 깊은 감사를 드립니다.

휴고 오트(Hugo Ott)와 잉게 비스너(Inge Wissner)에게 깊은 감사를 표합니다.

다그마 바르노우(Dagmar Barnouw), 이사야 베린(Isaiah Berlin), 우도 브란트호르스트(Udo Brandhorst), 마이아 에팅거(Maia Ettinger), 발터 크로스만(Walter Grossmann), 멜빈 힐(Melvyn Hill), 제랄드 홀튼(Gerald Holton), 니나 홀튼(Nina Holton), 어빙 하우(Irving Howe), 로만 카우프만(Roman Kaufmann), 알프레드 카친(Alfred Kazin), 메리 맥카시(Mary Macarthy), 케니스 R. 매닝(Kenneth R. Manning), 미샤 판크라토브(Misha Pankratov), 아네트 피터슨-브랜드호스트(Anette

Peterson-Brandhorst), 아그네타 프라이젤(Agneta Pleijel), 마르셀 라이히-라니츠키(Marcel Reich-Ranicki), 클레어 로젠필드(Claire Rosenfield), 브리기테 시바허-브란트(Brigitte Seehacher-Brandt), 잔나 맬러머드 스미스(Janna Malamud Smith), 프리츠 쉬테른(Fritz Stern), 에일린 워드(Aileen Ward), 그리고 엘리자베스 영 브륄(Elisabeth Young-Bruehl), 이 모든 분들이 알게 모르게 도움을 주셨습니다.

에이전트인 게오르게스 브르하르트(Georges Borchardt)는 지혜로운 충고와 인내심으로 저를 도와주었습니다.

편집자인 조나단 브렌트(Janthan Brent)는 편집 이외에도 헤아릴 수 없이 많은 도움을 주었습니다.

서문

한나 아렌트와 마틴 하이데거는 1924년에 처음 만났다. 열여덟 살의 독일계 유대인 아렌트가 마부르크 대학에 입학하여 하이데거가 강의하는 철학과목을 수강했을 때였다. 두 사람의 연인관계는—이 말은 그들의 결속력의 깊이를 드러내기에는 부족하다—이후 50여 년 동안 지속되었다. 맨 처음 정열적인 연애로 시작된 관계는 세월이 흐르는 동안 많은 변화를 겪었다. 이것을 두고 우정으로 변했다고 하기에는 너무 지나치거나 혹은 부족할 것이지만, 아마도 아렌트와 하이데거는 그렇게 불러주기를 원했을 것이다. 아렌트는 부치지 않은 한 편지에서 하이데거를 향한 도저히 범주화할 수 없는 감정을 다음과 같이 고백한 적이 있다. 하이데거는 "내가 충실하거나 충실하지 않았을 때에도, 언제나 사랑에 빠져 있는"[1] 남자였다. 이 고백을 남겼을 당시 아렌트는 쉰네 살이었고 하이데거는 일흔을 넘긴 나이였다.

두 사람의 관계는 대략 다음의 세 시기로 구분할 수 있다. 첫 번째는 두 사람이 연인이었던 1925년부터 1930년 무렵까지이고, 두 번째는 독일 국가사회주의가 부흥하고 제2차 세계대전이 발발하여 두 사람의 삶이 극적인 변화를 겪었던 1930년대 초반부터(하이데거는 1933년에 나치당에 입당했다.) 1950년까지이며, 세 번째는 아렌트가 주도하여 재개된 그들의 옛 관계—혹은, 달리 말하면 새롭게 형성된 관계—가 그녀가 세상을 떠날 때까지 지속되었던 1950년부터 1975년까지이다.

관계가 지속되는 동안 두 사람은 서로의 삶과 욕구와 개성만큼이나 각각 다른 방식으로 상대방에게 의존했다. 젊은 아렌트는 사랑과 보호와 가이드가 필요했다. 아렌트는 일곱 살 때 아버지가 매독으로 세상을 떠났고, 아버지가 돌아가시기 얼마 전 그녀가 깊이 애착을 느꼈던 할아버지 역시 세상을 떠났다. 사랑하는 어머니는 온천을 가거나 친척집 방문을 위해 자주 여행을 떠났고, 어머니의 부재는 어린 아렌트에게 혹시 어머니가 돌아오지 않을지도 모른다는 공포심을 갖게 했다.

아렌트가 열세 살 때 어머니 마르타 아렌트는 재혼했

다. 어머니의 재혼은 아렌트의 삶을 황폐하게 만들었다. 아렌트에게는 이방인일 뿐인 한 남자, 그리고 아렌트는 싫어했지만 어머니는 가깝게 여긴 두 이복언니와 어머니를 공유해야 했기 때문이었다. 아렌트에게 이 세계는 어린 시절부터 혼란스러운 곳이었고, 특히 그녀의 유대인 혈통은 이후 수년 동안 품게 될 수수께끼와 혼란의 원천이 되었다. 그녀는 방향감각을 잃고 무력해졌으며 보호받지 못하고 있다고 느꼈지만, 항상 용감한 것처럼 보이도록 행동했다. 1945년, 아렌트는 남편인 하인리히 블뤼허(Heinrich Bluecher)에게 다음과 같이 편지한 바 있다. "이 바보 같은 강박감은" "어린 시절 이후에 생겨났는데 항상 세상에 맞서 행동해야 한다는 것이었어요 … 나는 모든 게 다 괜찮은 것처럼 꾸며서 행동했고, 이것이 내 에너지의 대부분을 소진시켰어요."[2] 성인이 된 아렌트는 저명한 학자로서 자신감 넘치고 심지어 고압적인 사람으로 세상에 비추어졌다. 그러나 하이데거에게는 한 번도 그렇게 보이지 않았다.

대학 일 학년생인 아렌트는 하이데거를 연인으로, 친구로, 스승으로, 그리고 보호자로 여겼다. 하이데거는 아렌트를 영원히 사랑하고, 도와주고, 가이드 해주겠다고 약속했다. 하이데거의 유혹적인 맹세에 휩쓸려 아렌트는 전에 없이 세상을 향한 방어 자세를 내려놓았다. 아렌트가 「그림자」라고 명명한 출판되지 않은 고백록은 그녀가 1925년에 하이데거를 위해 쓴 글이었다. 그 글에서 아렌트는 어린 시절과 소녀시절에 경험한 공포와 함께 그녀가 간직한 불안과 나약함에 관해 설명했다.

두 사람이 만났을 때 서른다섯 살의 하이데거는 기혼자이자 두 아들의 아버지였고, 그를 20세기의 가장 저명한 철학자의 반열에 올려놓을 『존재와 시간』(Being and Time)의 집필을 마무리하고 있었다. 두 사람의 편지로 미루어보아 하이데거는 강의실에서 어린 제자를 처음 만났을 때부터 그녀를 사랑했던 것으로 보인다. 시간이 흐르면서 하이데거의 정열은 차츰 사그라졌지만, 아렌트의 우상이 되고자 했던 그의 욕망은 결코 줄어들지 않았다. 아렌트를 만나기 전까지 하이데거는—그는 엄격하고 딱딱하고 근면했으며, 독실한 가톨릭 신자였던 농부의 아들이었다—진정한 정열이나 혹은 육체적이면서도 동시에 정신적인 결합에 대해서는 거의 몰랐던 것 같다. 두 사람이 서로 열렬히 사랑하면서도 그 사랑을 죄로 느끼지 않는 법을 아렌트가 하이데거에게 가르쳐주었음이 두 사람의 편지에서 분명하게 드러난다. 하이데거는 완전하고 깊이 있게 생을 숨 쉬고, 스스로 살아 있음을 즐기기 위해 아렌트가 필요했다. 하이데거가 표현한 바대로 그는 삶의 "활력소"로서 아렌트를 필요로 했다.

여러 장애물에도 불구하고—하이데거의 가족과 대학 직위가 가장 심각한 걸림돌이었다—두 사람은 관계의 첫 번째 시기(1925~1930년) 동안 서로의 욕구를 만족시켰다. 이후에도 상대방을 향한 욕구가 완전히 사라졌던 적은 단 한 번도 없었다. 그러나 이어지는 17년 동안 세계는 급격한 변화를 겪었고, 두 사람 역시 각자의 삶 속에서 극심한 변화를 겪어야 했다.

1933년 8월, 한나 아렌트는 독일을 떠났다. 하이데거가 프라이부르크 대학 총장에 임명되어 나치당에 가입한 후, 악명 높은 총장 취임사를 통해 나치 이데올로기에 동조하고 지지를 보낸 지 4개월 만의 일이었다. 비록 아렌트가 미리 망명을 계획하고 있었고 베를린에서 경찰에 의해 잠시 억류된 적도 있었지만, 히틀러를 향한 하이데거의 공개적 충성서약은 그녀가 그때까지 간직하고 있던 하이데거에 대한 환상을 낱낱이 부수었고 망명의 결심을 재촉했던 것으로 보인다. 이후 아렌트는 하이데거를 포함한 독일 지성인들이 히틀러를 지지하고 서구문명을 배신했으며, 무분별과 비겁함을 보여주었다고 비난하게 되었다.

쾨니히스베르크 출신의 완벽하게 동화된 사회민주주의 가정에서 성장한 아렌트에게 '유대인 문제(the Jewish question)'*는 거리의 부랑아들과 학교 아이들의 욕설, 또는 학교 선생님으로부터 간헐적으로 듣는 반유대주의 발언에 국한된 것이었다.** 아렌트는 어머니의 지시에 따라 자신을 공격하는 아이들로부터 스스로를 방어했다. 학교 선생님들은 어머니가 상대해주었다. 1952년, 스승

---

* 일반적으로 인종적 소수자로서 전 세계를 난민으로 떠돌며 살아온 유대민족이 처한 정치적 사회적 상황을 의미한다. 그러나 아렌트 집안사람들은 유대인이면서 동시에 독일인이라는 사실에 대해 갈등하지 않았고, 독일의 사회문화적 환경에 잘 적응했다. 아렌트 역시 어린 시절에 역사나 정치 등의 분야에 관심이 없었고, 스스로를 독일 철학의 전통에 속하는 사람으로 간주했다. 젊은 유대인 여성 아렌트가 박사학위 논문의 주제로 성 아우구스티누스의 기독교적 사랑을 선택한 것만 보아도 당시 그녀가 '유대인 문제'에 특별한 관심을 갖지 않았다는 것을 보여준다. 1933년, 야스퍼스에게 보낸 편지에서 아렌트는 "나에게 독일은 모국어, 철학 그리고 문학을 의미합니다."(리처드 번스타인, 김선욱 옮김, 『한나 아렌트와 유대인 문제』, 아모르문디, 2009, 37쪽)라고 밝힌 바 있다.-역주
* 1964년의 한 인터뷰에서 아렌트는 다음과 같이 말했다. "어린아이였을 때 나는 내가 유대인이라는 사실을 몰랐다 … 내가 어린아이였을 때 '유대인'이라는 단어는 집안에서 단 한 번도 언급된 적이 없었다. 좀 더 자랐을 때 나는 내가 유대인처럼 보인다는 사실을 알았다. 그것은 내가 다른 사람들과 다르게 보인다는 것을 의미했다." *Gespraeche mit Hannah Arendt*, Adelbert Rief, ed.(Munich: Piper, 1976), p.15-16.

인 칼 야스퍼스에게 쓴 편지에서 아렌트는 집안환경 때문에 자신이 "그야말로 순진"했고, 20대 초반에 유대인 문제가 정치적 이슈로 등장하게 될 때까지 그것을 "지루하게" 여겼다고 언급했다.[3] 이후 아렌트가 학자로서 유대인 문제에 관심을 가졌던 것은 그동안 그녀가 겪었던 변화를 보여주는 것이다.

1928년, 아렌트는 성 아우구스티누스를 주제로 박사학위 논문을 완성했고, 이후 라헬 파른하겐(Rahel Varnhagen)*의 전기 집필을 위해 자료조사를 시작했다. 아렌트의 『라헬 파른하겐: 한 유대인 여성의 삶』(Rahel Varnhagen: The Life of a Jewess)은 1958년에 런던에서 출간되었다. 라헬 파른하겐(1771~1833)은 독일 지식인들을 위한 살롱을 운영한 것으로 유명한 여성이지만, 아렌트

** 독일 사회에서 최초로 지적 · 정치적 입지를 인정받은 유대인 여성이다. 18세기 후반과 19세기 초반에 유럽, 특히 독일 베를린에서 지식인들을 위한 살롱을 운영한 것으로 유명하다. 1814년, 칼 어거스트 파른하겐과 결혼했으며, 당대 최고의 작가, 예술가, 정치가들과 교류했다. 300여 명이 넘는 다양한 유명 인사들과 주고받은 약 6,000여 통의 서간문이 전해지고 있다. 철학, 음악, 문학, 정치 분야 등을 자유자재로 넘나드는 그녀의 글쓰기는 시나 소설 등 기존의 정형화된 문학형식을 뛰어넘은 것으로 평가받고 있다. 생전에 서간집을 출간하기도 했고, 사후 칼 어거스트 파른하겐에 의해 일련의 서간집이 출간되었다.-역주

의 관심을 가장 끌었던 것은 독일계 유대인으로서 그녀
가 겪었던 수모와 굴욕에 관한 것이었다. 자료조사를 하
는 동안 아렌트는 반유대주의의 원인과 독일계 유대인
의 역사, 그리고 그 안에서의 자신의 위치에 대해 집요하
게 탐구하게 되었다.

그러므로 하이데거가 프라이부르크 대학 총장(1933
년 4월부터 1934년 4월까지 재직했다.)으로서 독일 국가사회
주의의 대의를 지지하고 있을 때 망명 중인 아렌트는 전
기 집필을 마무리하면서 팔레스타인의 농업 노동을 위
해 유대인 청소년들을 훈련하는 단체인 〈청년 알리야〉
(Youth Alijah)*에서 일하고 있었다. 또한 그녀는 훗날 『전
체주의의 기원』(The Origins of Totalitarianism)의 내용이 될
자료를 수집하는 중이었는데 이 저서의 상당 부분은 반
유대주의 역사를 탐구하는 것이었다.

하이데거에게는 비슷한 정신을 공유한 동반자인 아내

* 나치 치하의 유대인 청소년들을 구하기 위해 1933년에 처음 설립
된 단체이다. 제2차 세계대전 이전에 약 5,000여 명의 청소년들을
팔레스타인으로 이주시켰고, 전쟁 이후 주로 홀로코스트 생존자들
로 구성된 약 15,000명의 청소년들을 이주시켜 교육을 받게 했다.
오늘날에는 청소년 구제활동의 일환으로 이스라엘에 거주하는 사
회적 약자 계층의 청소년들을 교육하는 공동체 마을로 운영되고 있
다.(출처: Jewish Virtual Library)-역주

엘프리데(Elfride Heidegger)가 있었고, 그녀는 1920년대부터 열렬한 나치 당원이었다. 1936년, 아렌트는 망명 중인 전(前) 독일공산주의자 하인리히 블뤼허를 만났다. 블뤼허는 아렌트의 두 번째 남편이 되었고, 그녀의 영혼의 동반자이자 안전한 안식처가 되었다.[1929년에 이루어진 귄터 스턴(Guenther Stern)과의 결혼은 1937년에 공식적으로 끝났다.]

1950년, 하이데거가 아렌트를 다시 만났을 때(당시에는 하이데거의 나치 협력의 정도가 아직 공개되지 않은 상태였다.) 그는 예전과는 전혀 다른 목적으로 아렌트가 필요했다. 하이데거는 강의가 금지된 상태였고, 나치 연루의 오명을 벗기 위해 5년 동안 공방을 벌이고 있었으며, 기술과 데카당스와 공산주의의 맹습으로부터 독일을 구해내어 다시 "활성화"시키고자 한 희망이 무너진 상태였다. 그는 마음이 쓰라렸고 실망했지만 뉘우치지는 않았다. 하이데거는 자신의 삶 속으로 되돌아온 아렌트를 진심으로 기뻐하며 환영했다.

그러나 하이데거의 반유대주의 혐의와 친 나치행적에 대해 아렌트는 경악을 금치 못했고, 이것은 두 사람의 재회에 좋은 징조가 아니었다. 그럼에도 불구하고 아렌트는 하이데거를 방문하여 그의 이야기에 귀를 기울였고, 하이데거는 모든 혐의가 단지 모략일 뿐이라고 그녀를 손쉽게 설득할 수 있었다. 아렌트는 행복하게 모든 의혹을 극복했다. 비록 예전과는 달라졌지만, 친구이자 스승이며 자신이 여전히 사랑하는 남자에게로 돌아가려는 그녀의 결심은 옳은 것이었다. 하이데거에게 보낸 한 편지에서 아렌트는 만약 두 사람의 삶의 연속성을 회복할 수 있는 기회를 놓쳤다면 자신은 용납할 수 없는 잘못을 저지르는 것이었을 거라고 언급한 적이 있다.

하이데거로서는 아렌트의 용서가 필요했다. 아렌트의 용서는 그에게 덧씌워진 반유대주의 혐의를 무죄로 만들고, 스스로의 온전한 도덕 원칙 속에서 자신감을 회복하게 할 것이었다. 아렌트는 세계와의 관계에서 하이데거의 홍보대사가 될 것이었다. 특히 하이데거의 절친한 친구였지만 지금은 아렌트의 친구가 된 칼 야스퍼스와의 관계에서 그러할 것이었다. 아렌트는 하이데거를 변호해줄 것이고 그에 관한 모든 혐의가 근거 없는 것이라고 믿을 것이었다. 하이데거가 확실하게 인식했듯이, 미국의 지성계에서 아렌트가 누렸던 특권은 하이데거를 위한 소중한 자산이 되었다. 이후 이어지는 25년 동안 아렌트와 하이데거의 삶은 그렇게 서로 얽혀들었다.

아렌트의 남편은 인간적으로는 아니라고 할지라도 철학적으로는 하이데거의 추종자였다. 그는 하이데거가 평화롭게 일하는 것이 가장 중요한 관건이라는 아렌트의 주장에 동의했고, 하이데거를 위한 아내의 노력에 격려를 보냈다. 하이데거가 허락하는 한 아렌트는 그를 자주 방문했다. 아렌트는 자신만이 하이데거를 잘 알고 이해하고 있으며, 그래서 오직 자신만이 그의 우울을 완화시키고 그가 작업하는 데 필요한 평온한 정신을 되찾도록 도울 수 있다고 굳게 믿었다. 하이데거는 집필 중인 저서나 강의에 관한 동향을 아렌트에게 알려주었다. 이에 대한 화답으로 아렌트는 철학적 논제들에 관해 조언을 구하면서, 그동안 그녀가 진 부채에 대해 자주 강조했다. 아렌트가 보낸 편지에는 "젊은 시절에 당신에게 배운 바가 없었더라면"[4] 자신의 사고가 지금처럼 진전되지 못했을 것이라는 문구가 자주 등장했다. 하이데거는 아렌트의 사고에 영감을 불어넣었고, 그녀에게 중요한 스승 역할을 했던 고전 철학자들이 생생하게 살아 가깝게 느껴질 수 있도록 도와주었다. 즉 아렌트와 하이데거는 동일한 문학작품과 시와 음악 속에서 똑같이 강렬한 기쁨을 느꼈다. 처음 만난 시절에 그랬던 것처럼 하이데거는 아렌트를 위해 시를 썼다. 그러나 이처럼 부드러운 관계의 표면 아래로는 격렬한 긴장, 모순된 감정, 해결되지 않은 주장들, 유감 등이 암류처럼 흐르고 있었다. 그러므로 두 사람 사이의 서신왕래와 만남은 오랜 공백이 — 때로는 수년 동안 지속된 채 — 생겨났다.

세상을 떠나기 일 년 전인 1974년에 아렌트는 하이데거에게 다음과 같이 편지했다. "그 누구도 당신이 했던 것처럼 강의할 수 없어요. 당신 이전에도 그런 사람은 없었어요."[5] 비록 하이데거가 찬사를 받기에 부족함이 없는 사람이지만, 하이데거를 향한 아렌트의 전적인 의존은 그 누구도 채워줄 수 없는 하이데거의 욕구를 충족시켜주는 것이었다. 1940년대에 허버트 마르쿠제(Herbert Marcuse)를 포함한 몇몇 제자들은 하이데거로부터 등을 돌렸다. 그들이 등을 돌린 이유는 하이데거가 독일 국가사회주의를 지지했기 때문이 아니라, 그가 나치당을 비난하거나 나치당적 포기를 완강하게 거부했기 때문이었다. "그의 삶의 열정"이었던 아렌트는 하이데거에게 그러한 요구를 하지 않았다.[6] 대신에 그녀는 하이데거의 철학을 미국 내에 널리 알리고 비판자들의 시선으로부터 그를 옹호하는 데 전념했다. 아렌트는 자신의 첫사랑에 끝까지 충실했다. 그녀는 늙고 외로운 하이데거에게 젊음의 환상을 끊임없이 불러다 주었고, 범상한 세계 속에서 그가 최고 존재자라는 의식을 환기시켜주었다.

아렌트와 하이데거가 각자 상대방에게 끼쳤던 영향력

을 측정하기란 불가능하다. 하지만 두 사람의 상호 의존과 서로에게 끼쳤던 중요성을 가늠하는 일이 그들의 생애를 이해하는 데 열쇠가 된다는 사실은 의심할 여지가 없다.

아렌트와의 관계에서 드러나는 하이데거의 면모는 그의 철학 저서에 익숙한 독자들, 특히 그를 엄격하고 추상적인 사상가로만 간주했던 독자들에게는 놀라움으로 다가갈 것이다. 때로 그는 전형적인 독일인의 방식으로 거의 상투적인 낭만적 어휘를 사용해가며 자신의 감정을 표현했다. 하이데거의 낭만적 성향은 아렌트를 향한 정열적인 애착, 그리고 독일을 재탄생시키려한 나치당의 비전에 대한 매혹으로 그를 이끌었던 것으로 보인다. 하이데거의 나치즘 연루에 대한 기원을 밝히고자 하는 학자들은 그의 철학 내부에서뿐만 아니라 정서적 삶의 구체적인 욕구 안에서도 그 원인을 찾아야 할 것이다. 하이데거가 아렌트와 맺었던 관계는 그동안 하이데거가 주의 깊게 감추어온 감정 세계의 일면을 엿볼 수 있게 한다.

한나 아렌트와 마틴 하이데거

1

「여든 살의 마틴 하이데거」(1969)라는 헌사에서 한나 아렌트는 하이데거가 행한 "인간사 세상"으로의 나들이— 즉 나치 협력— 에 상당 분량의 각주를 할애해 언급했다. 아렌트는 "플라톤이나 하이데거가 인간사에 개입할 때 독재자나 히틀러 같은 지도자에게 경도되었던 점은 놀랍고 화가 나는 일"이라고 했다. 또한 하이데거가 『나의 투쟁』을 읽은 점은 언급하지 않은 채 "친 나치이건 반 나치이건 당시의 수많은 독일 지식인들처럼" 하이데거 역시 "게슈타포의 지하실과 초기 강제수용소의 아비규환 같은 현실로부터 표면적으로만 더 중요할 뿐인 영역으로" 도피했다고 지적했다.

아렌트는 하이데거의 나치 협력에 대해 "이 일화는 오늘날 … 흔히 '실수'라고 불린다."라고 정의했다. 아렌트는 "짧고 정신없이 바빴던 10개월"이라고 언급했지만, 사실상 하이데거는 1933년 4월 21일부터 1934년 4월 23일까지 프라이부르크 대학의 총장직을 수행했다. 하이데거가 1933년 5월부터 당이 폐쇄된 1945년 5월까지 독일 국가사회주의노동자당(NSDAP)의 당적을 유지했다는 사실을 1969년에 이르러 아렌트가 몰랐을 것 같지는 않다. 그러나 아렌트는 하이데거가 아내의 강권으로 1931년경에 『나의 투쟁』을 읽었다는 사실은 몰랐던 것 같다. 하이데거의 아내는 "모든 사람은 만사를 제쳐두고 『나의 투쟁』을 읽어야 한다."[7]고 생각하는 사람이었다.

아렌트는 제3제국(Third Reich)에 대한 하이데거의 협력과 지지의 의미를 최소화하고 정당화하기 위해 엄청난 노력을 기울였다. 위의 헌사에서 아렌트는 "나중에 하이데거에 대해 옳으니 그르니 말했던 수많은 사람들보다 하이데거가 더 빨리, 그리고 더 철저하게 자신의 '실수'를 수정했다."고 언급했으며 "하이데거는 그 기간 동안 독일 문필계와 대학사회가 감당했던 것보다 훨씬 더 많은 위험을 감수했다."[8]고 말했다. 아렌트의 이러한 언급은 그 어느 것도 사실로 입증되지 않았다. 아렌트는 1950년에 하이데거와 처음 재회한 이후 그에게서 들었던 이야기들을 무비판적으로 반복한 것으로 보인다.

하이데거를 위한 아렌트의 헌사는 거의 반세기 전에 시작된 드라마의 마지막 장(章)을 장식하는 것이었다. 그 헌사에서 아렌트는 처음 만난 이래로 하이데거를 향해 보여주었던 흔들림 없는 관용과 충성과 사랑을 변함없이 드러냈다.

1924년 늦가을, 열여덟 살이었던 한나 아렌트는 마부르크 대학 철학과 학생이 되었다. 주 저서 『존재와 시간』의 집필을 막 끝낸 마틴 하이데거는 혁신적인 철학적 사고와 매혹적인 강의 방식으로 그 대학에서 가장 인기 있는 교수였다. 칼 뢰비트(Karl Loewith)의 회고에 의하면 학생들은 하이데거를 "메스키르히(Meßkirch, 하이데거의 출생지)에서 온 작은 마술사"라고 불렀다. 외모, 복장, 강의 스타일 등 모든 것이 하이데거만의 독특한 분위기를 만들어냈다.

"하이데거의 얼굴을 묘사하는 건 좀 어렵다."라고 뢰비트는 설명했다. "왜냐하면 그는 다른 사람의 눈을 오랫동안 쳐다본 적이 없기 때문이다. 사색적인 이마, 해독하기 어려운 얼굴표정, 그리고 상황 파악을 위해 때때로 얼굴을 들어 흘깃 쳐다본 후 내리뜬 눈이 그의 일상적인 표정이었다. 대화 도중에 어쩔 수 없이 다른 사람의 눈을 똑바로 쳐다봐야 했을 때 그는 내성적이고 불안해 보이곤 했다. 다른 사람들과 솔직하게 대화를 나누는 기술이 부족했기 때문이었다. 그래서 평소 그의 표정은 조심스럽고 두리번거리는 농부처럼 의심에 찬 모습이었다."

하이데거는 보통 니커보커즈 바지와, 슈바르츠발트 지역 농부들이 주로 입는 회장이 넓고 옷깃이 반(半) 군인풍인 서민적인 코트를 입었다. 둘 다 짙은 갈색 천으로 만든 옷이었다. "짙은 옷 색깔은 그의 새까만 머리와 어두운 얼굴빛과 잘 어울렸다. 그는 마술을 부릴 줄 아는 어둡고 작은 남자였다. … 그의 강의기술은 하나의 복잡한 사고 구조를 확립한 후 그것을 해체해서 잔뜩 긴장하고 있는 학생들에게 수수께끼로 던져준 후 조용히 물러서는 것이었다. 이러한 마술적 기술은 매우 위험한 결과를 수반하기도 했다. 이를테면 다소 정신분열증적 사고를 가진 학생들을 끌어들였고, 3년 동안 수수께끼 풀이에 매달리던 한 학생이 스스로 목숨을 끊은 적도 있었다."[9] 하이데거는 남녀를 불문하고 모든 학생들에게 자신이 매력적으로 보인다는 사실과 그들의 정신에 끼치는 자신의 영향력에 대해 잘 알고 있었다. 그래서 하이데거는 의도적으로 학생들과 거리감을 유지했고, 그를 둘러싼 신비감과 경외심과 존경심은 더욱 강력해졌다.

1889년, 적당한 재력을 가진 가톨릭 부모 — 하이데거의 형제인 프리츠(Fritz)는 "부자도 아니고 가난하지도 않다"고 언급했다.—의 슬하에서 태어난 하이데거는 어린 시절에 이미 신부가 되기로 예정되어 있었다. 그래서 그의 교육비 일부는 성당에서 마련해주었다.[10] 김나지움을 졸업하던 스무 살에 하이데거는 자신을 성직자의 길로 이끌어줄 가톨릭 신학을 학문 연구 분야로 선택했다. 프라이부르크 대학 신학과 학생들에게 부과된 엄격한 교육은 예전에 김나지움 기숙학생이었던 하이데거에게는 단지 익숙한 일상의 연장일 뿐이었다. 그의 하루는 이른 아침부터 밤늦게까지 기도, 강의실의 공부, 그리고 과제로 채워졌다.

휴고 오트(Hugo Ott)의 자서전에 의하면, 대학 2년째인 1911년에 하이데거는 신경성 천식과 심장질환으로 한차례 건강이 악화되었다. 당시 그는 신학을 포기하고 수학이나 철학을 공부할 것을 고려하고 있었다. 극도로 어려웠던 이 결심—그것은 오래전에 선택한 직업을 갑작스럽게 바꾼다는 것과 재정 지원이 끊긴다는 것을 의미했다—이 신경질환을 야기했던 것으로 보인다. 하이데거는 위기를 맞이했다. 왜냐하면 가톨릭은 그에게 학문의 연구주제였을 뿐만 아니라 정신적 운명이며 신앙이자 존재의 지지기반이기 때문이었다.

하지만 일단 결정을 내린 후 하이데거는 결코 뒤돌아보지 않았다. 그래도 가톨릭과 결별한 것은 그의 일생 내내 혼란스럽고 풀리지 않는 갈등요소로 작용했다. 그것은 나치 치하에서 기묘한 방식으로 수면 위로 떠올랐고, 제2차 세계대전이 끝난 후 가톨릭 성당에서 그를 개심시키려 했을 때에도 그러했다. 1913년, 하이데거는 철학박사학위를 취득했다. 그리고 2년 뒤에는 강의자격이 주어지는 교수자격 논문을 완성했다.

마가레트(Margaret)라는 이름의 여성과 짧은 약혼기간을 가졌던 하이데거는 1917년에 엘프리데 페트리(Elfrede Petri)와 결혼했다. 엘프리데는 프라이부르크 대학에서 정치경제학을 공부한 학생이었고, 복음주의 루터교 신앙을 가진 프러시아 군인계급의 후손이었다. 하이데거의 정신적 딜레마는 1918년에 또다시 중대한 결정을 불러왔다. 첫 아이를 임신 중이던 엘프리데가 프라이부르크 교구의 신부이자 부부의 오랜 친구인 에겔베르트 크렙스(Egelbert Krebs) 박사에게 다음과 같은 사실을 알린 것이다. 즉 하이데거 부부가 깊은 영혼의 탐색과 기도 끝에, 양심에 따라 아이를 가톨릭 성당에서 세례받지 않도록 결정했다는 것이었다. 이 일은 엘프리데가 남편을 불편하고 당혹스러운 상황으로 몰고 간 최초의 사건이었고,

이와 비슷한 일은 이후에도 계속 일어났다.

1922년은 하이데거의 생애에 두 가지 중요한 사건이 일어난 해였다. 그해 하이데거는 마부르크 대학의 철학과 부교수로 임용되었고, 아내는 그를 위해 프라이부르크 근교의 토트나우베르크에 통나무집을 마련해주었다. 그곳에서 하이데거는 자연을 가까이할 수 있었고, 그가 교수들보다 더 함께하기를 원했던 시골 사람들 곁에서 사색과 저술활동을 할 수 있었다.

하이데거의 편지에서 명백하게 드러나듯이, 1924년 가을에 있었던 아렌트와의 만남은 그가 수년 동안 확립해온 존재의 질서를 산산이 조각나게 했다. 그 만남은 그때까지 존재하는지조차 몰랐던 자신의 한 부분을 드러나게 했고, 그동안 그가 주의 깊게 지켜온 규칙들, 즉 존경할 만한 사회적·학술적 분위기의 근본 규칙들을 위반하게 만들었다. 그해 초 하이데거는 칼 야스퍼스에게 쓴 편지에서 "내성적이고 어색한 성격을 타고나서" 친구들조차도 자신을 가까이하기 어려워한다고 밝혔다. 하지만 하이데거의 이러한 특징은 아렌트와의 친밀한 관계에서는 전혀 드러나지 않았다. 하이데거는 같은 편지에서 "저는 고독하게 살고 있습니다."라고 말했다. 비록 사상가에게는 고독이 필수라고 할지라도 두 철학자는 함께 "철학을 논할 수 있는"[11] 비슷한 정신의 소유자를 갈망하고 있었다. 하이데거의 어린 제자는 철학적 논쟁을 위한 파트너는 될 수 없었지만, 고독이 짓누를 때 그의 말을 경청하고 친구 역할을 해줄 수는 있었다.

신학자의 아내 한나 틸리히(Hannah Tillich)가 자서전에서 회고한 바 있듯이, 아렌트의 단발머리와 세련된 옷차림은 작은 대학도시인 프라이부르크 거리에서 못마땅한 시선을 불러 모았다. 그런 도시에서 기혼의 대학교수이자 두 아이의 아버지가 학생과 연애사건을 일으키기 위해서는 흔치 않은 결단력이 필요했을 것이고, 아마도 그만큼의 절박함이 요구되었을 것이다. 두 사람이 극도로 조심했고, 아렌트의 자발적이고 사려 깊은 도움으로 가능한 모든 방책에 의존했다고 하더라도, 하이데거로서는 그 연애가 자신의 결혼생활과 경력을 위험에 빠트리게 하는 일이었다. 의심을 피하는 능력에 자신이 있었고 아렌트를 거부할 수도 없었기 때문에 하이데거는 위험을 감수한 것으로 보인다. 또한 하이데거는 아렌트에게 편지를 쓰는 위험한 행동도 마다하지 않았다. 그녀에게 말을 걸고 그녀의 존재, 혹은 부재가 불러일으킨 새로운 감정이나 사고를 표현하고자 하는 욕망이 그만큼 깊었을 것이다. 편지 속에서 드러나는 하이데거는 강렬한 정열을 지닌 남자이며, 편지들은 그 자체로써 — 때로는 매우 감상적이고 로맨틱하며, 때로는 신랄하고 상처를 안겨주는 내용이다 — 그의 영혼을 들여다볼 수 있는 매혹적인 통찰력을 제공한다.

하이데거가 아렌트에게 보낸 최초의 편지에서 드러나듯이, 하이데거는 사전에 충분히 숙고한 후 먼저 연애관계를 시도했다. 하이데거는 자신의 지위와 성숙함을 활용했고, 적어도 어느 정도는 아렌트의 순진함을 이용했다. 또한 그는 자신의 지성과 남자다움이 발휘하는 강력한 매력을 십분 활용했다. 두 사람의 관계에서 하이데거는 처음부터 유리한 위치를 차지했지만, 사랑을 갈구함에 있어서는 더 의존적이었다.

농부의 후손으로 시골에서 성장한 하이데거는 아렌트의 이국적인 외모와 개방적인 성향, 우아한 행동거지에 매료된 것으로 보인다. 아렌트는 유대인 특유의 코즈모폴리턴적인 분위기를 지녔고, 하이데거와 가까웠던 게르만족 성향의 두 여성, 즉 그의 어머니와 아내와는 눈에 띄게 대조적이었다. 하이데거는 강의실에서 아렌트의 크고 검은 눈을 찾아냈고, 두 달여 동안 지켜본 후 자신의 연구실에서 이야기를 나누자고 청했다. 이후 하이데거는 레인코트를 입고 얼굴 깊숙이 모자를 눌러쓴 채 거의 들리지 않는 목소리로 "네" 또는 "아니요"라고 답하던 아렌트의 이미지를 즐거운 마음으로 편지에서 회상하곤 했다. 그 만남 이후 정교하면서도 유려한 산문으로 이루어진 하이데거의 장문의 편지들이 이어졌다.

아렌트가 하이데거에게 매료된 것은 놀라운 일이 아니었다. 학생들에게 행사했던 하이데거의 강력한 영향력을 고려해보면, 그것은 거의 불가피한 일이었다. 아렌트의 과거와—당시 그녀는 아버지를 잃고 앞날의 방향을 모색하는 십대였다—상처받기 쉬운 우울한 기질은 그녀의 마음을 얻으려는 하이데거의 적극적인 노력을 물리치기에 역부족이었다. 당시 독일 사회에 동화되어 살아가는 많은 유대인들은 자신이 살고 있는 장소에 여전히 확신을 갖지 못한 채 스스로에 대해 의심을 품고 있었고, 아렌트 역시 그러한 불안정을 공유했다. 하이데거는 아렌트를 연인으로 선택함으로써 독일계 유대인 세대인 그녀의 꿈을 충족시켜주었다. 아렌트의 꿈은 동화(assimilation)의 선구자가 된 라헬 파른하겐의 꿈으로 거슬러 올라가는 것이었다.

하이데거가 아렌트에게 보낸 최초의 편지는 1925년 2월 10일에 작성된 것으로, "친애하는 아렌트 양에게"라는 공적인 인사말을 갖추고 있었다. 정중하게 거리감을 유지하면서 하이데거는 자신이 그녀를 존중하고 있다고 밝혔고 그녀의 고양된 정신과 영혼을 칭찬했으며, 그녀가 스스로에게 충실한 사람이 되도록 돕는 것을 허락해달라고 청했다. 하이데거는 아렌트의 젊음과 요구사항을 민감하게 알고 있는 자신이 그녀의 불안을 잠재울 수 있을 것이라고 확언했다. 대신에 그녀는 오직 학문적 목표만을 헌신적으로 추구하는 한 남자의 무서운 외로움을 분명하게 이해하게 될 것이라고 썼다. 그것은 감성적인 편지였다.—서정적이었고, 문구는 아름다웠으며, 섬세한 애정과 강한 진술로 이루어졌다. 편지는 망설임이 없었고, 의심이 없었으며, 심지어 고려사항이나 질문조차 없었다. 그 편지는 사전에 충분히 숙고된 것이었고, 단어 하나, 문구 하나, 사고 하나까지 의도적이고 암시적이었으며 유혹적이었다. 그것은 하이데거가 앞으로 취할 행동과 전략을 예고하는 것이었다.

사실 아렌트로서는 그러한 유혹이 필요치 않았다. 한편으로는 당혹스럽기도 했겠지만, 그녀는 하이데거에 압도당한 채 편지에 적힌 모든 단어를 흡수했다. 강의실 바깥에서 친구이자 스승이 되고자 한 하이데거의 욕망은 아렌트에게는 최상의 칭찬인 셈이었다. 그것은 전혀 기대하지 않았지만 거절할 수 없는 하나의 선물이었다. 자연히 두 사람은 동등한 동반자 관계가 아니었고—아렌트는 이를 당연하게 여겼다—그런 관계는 앞으로도 계속될 것이었다. 수십 년이 지나 아렌트가 세계적인 명성과 인정을 얻은 후에도 하이데거는 그녀를 순종적인 여학생처럼 대하곤 했다.

첫 편지 이후 또 다른 편지가 나흘 만에 이어졌고 이번에는 "친애하는 한나"로 시작되었다. 2주 후 하이데거가 아렌트에게 보낸 짧은 편지는 두 사람의 관계가 전환점을 맞이했다는 것, 즉 서로 육체적으로 가까워지기 시작했다는 것을 보여준다.

2

한나 아렌트는 자유롭고 기쁘게 사랑했고 관습을 무시했다. 아렌트는 하이데거를 우러러보며 숭배했고, 그녀를 통해 비추어진 하이데거의 모습은 거의 신적인 존재와도 같았다. 메스키르히 출신의 가톨릭교도 소년이 몇몇 당혹스러운 꿈속에서 보았을 모든 것을 아렌트는 현실 속에서 구현할 수 있도록 해주었다.

어느 측면에서 보더라도 하이데거는, 적어도 관습적인 의미에서는 공격적인 남자가 아니었다. 그러나 아렌트를 얻기 위해 가정과 경력을 기꺼이 위험에 빠뜨려야 했던 하이데거는 강압적이고 자기중심적인 천성과 무자비하고 교활한 면모를 드러냈다. 그럼에도 불구하고, 혹은 아마도 그런 이유 때문이겠지만, 그는 끊임없는 숭배와 찬사를 요구하는 불안정한 남자였고 — 철학자로서 하이데거가 세계적인 인정을 받기에는 이로부터 몇 년이 더 걸렸다 — 아렌트는 이러한 하이데거의 요구를 충분히 만족시켜주었다.

하이데거의 복합적인 면모는 아렌트를 대하는 태도에서 서서히 드러났다. 하지만 아렌트는 자신을 통제하려는 하이데거의 욕구를 이해하지 못했던 것처럼 이 점에 대해서도 알지 못했다. 아마도 그녀는 하이데거의 태도가 자신을 보호하려는 욕망이었다고 해석했을 것이다. 아첨, 헌신의 표현, 영원한 사랑의 맹세, 서정시, 명령 등 그 어느 것을 이용해서라도 하이데거는 두 사람의 관계를 현 상태로 지속하려고 단단히 마음먹었다. 이미 강력한 독립심을 가진 것으로 알려진 자존심 강한 여성을 소유한다는 것은 하이데거에게 깊은 만족감을 주었다.

젊고 불안정했음에도 불구하고 아렌트는 하이데거보다 더 강하고 탄력적으로 사회적 관습에 대처했다. 하이데거가 가족을 버리게 되기를 아렌트가 단 한 번이라도 생각해보거나 원했다는 증거는 그 어디에도 없다. 일 년 동안의 은밀한 만남 이후 아렌트가 다른 대학으로 자리를 옮길 것을 고려하기 시작했을 때에도 하이데거를 향한 그녀의 사랑은 줄어들거나 약해지지 않았다. 오히려 하이데거와 주고받은 편지에서 드러나듯, 그녀의 사랑은 더욱 강렬해진 것으로 보였고 이것은 바로 하이데거가 예측했던 바였다. 점점 더 강렬해지는 사랑은 아렌트 자신을 두려움에 빠뜨렸고, 결국 하이데거를 떠나게 만들었던 것으로 보인다. 떳떳하지 못한 자신의 존재에 대해 그녀가 내적으로 반항했던 것일까? 그럴 가능성은 없어 보인다. 왜냐하면 하이데거가 그랬던 것처럼 아렌트 역시 미스터리한 분위기에 빠져 있었기 때문이다.

청소년기에 아렌트는 집안에 전해져 내려오는 어떤 이야기에 매혹된 것으로 알려져 있다. 미모의 숙모 한 분이 사라져버린 이야기였는데, 그 숙모는 정부를 전복시키는 정치활동에 관여했고 비밀스런 삶을 살았으며, 은밀하게 국경을 넘고 첩보메시지를 전달하면서 동료 공모자들로부터 사랑을 받았다. 하지만 동료들 역시 치명적으로 아름다운 그녀의 얼굴을 두꺼운 베일 너머로만 볼 수 있었다.[12]

중년이 되어 로사 룩셈부르크(Rosa Luxemburg)에 관해 집필했던 아렌트는 룩셈부르크의 애인이 강박적으로 익명성을 추구했고, 음모와 위험에 매료되었기 때문에 성적 매력을 가중시켰다고 강조한 바 있다. 그러나 그 모든 비밀스러움의 매력과 하이데거가 보낸 수많은 은밀한 쪽지들이 불러온 흥분은―혼자 있기로 예정된 시간에 아렌트를 불러들이는 일, 다음에 만날 장소와 시간을 정확히 분 단위로 알려주는 일, 전등 스위치를 켰다 껐다 하며 정교하게 신호를 보내는 일 — 결국에는 사라져버리게 될 것이었다.

아마도 아렌트는 하이데거가 격찬해마지않던 "소녀다운" 미덕과 명령에 따르고 입을 다물어야 했던 수동적인 역할에 점차 불편을 느꼈을 것이다. 하이데거는 한 편지에서 아렌트가 말을 하지 않을 때 내적 자아가 더 잘 드러난다고 확언했지만, 하이데거와 터놓고 이야기할 수 없다는 사실은 그녀에게 심한 압박감으로 다가왔다. 아렌트는 하이데거가 불러일으키는 거의 강박에 가까운 수줍음을 극복할 수 없었다. 하이데거가 회상했던 것처럼 아렌트는 "만약 당신이 날 원하신다면" 또는 "당신이 좋으시다면" 하고 조그맣게 그에게 속삭이곤 했다. 자신의 수줍음과 말없는 숭배가 하이데거를 기쁘게 하고 흥분시킨다는 것을 그녀는 직관과 경험으로 알고 있었다. 아마도 아렌트는 유대인 여성에 대한 고정관념 — 시끄럽고 자기 확신이 강하며 영리하다는 — 을 무의식적으로 없애려 했는지도 모른다. 또한 그녀가 영웅시했던 라헬 파른하겐이 그랬던 것처럼 그녀의 앞길을 가로막고 있는 유대인 조상의 유령을 보았던 것인지도 모른다. 그러나 아렌트를 함정에 빠뜨렸던 것은 무엇보다도 그녀 자신의 억눌림과 불안정성이었고, 이것은 하이데거의 행동과 호불호에 의해 더욱 악화되었던 것으로 보인다.

두 사람의 연애가 지속되는 동안 아렌트는 하이데거가 정한 규칙을 이해하고 받아들였다. 그녀는 이중생활로 인해 하이데거가 느끼는 부담감을 덜어주려고 있는 힘을 다했고, 만남에 관해 오락가락하고 복잡하기만 했던 모든 지시사항을 따랐다. 아렌트는 불평하지 않았고 요구하지 않았으며, 하이데거가 자신을 원할 때는 언제든지 만났고 원하지 않을 때는 인내심을 갖고 기다렸다. 그녀는 하이데거의 정부(情婦)이자 신뢰받는 친구라는 특권을 소중하게 여겼다. 하이데거는 자신의 저작과 대학 경력에 관한 전망, 그리고 스승 에드먼드 후설(Edmund Husserl)과 친구 칼 야스퍼스와의 관계 등에 관한 새로운 소식을 아렌트에게 알려주었다. 하이데거는 독일 엘리트 지성인의 타고난 정신세계를 갖춘 어린 제자를 지치지도 않고 감동시켰다.

열여덟과 열아홉의 나이에 사상의 창시자들에 둘러싸여 대리경험을 했던 아렌트는 그들이 세속적인 정치세계나 일상적 현실로부터 동떨어져 있다고 오인했다. 만일 아렌트가 같은 시기에 하이데거와 야스퍼스가 주고받은 편지의 내용을 알았더라면 충격을 받았을 것이다. 그 편지에는 두 철학자의 실용주의와 월급내역에 관한 치밀한 계산, 부가혜택이나 미망인 연금, 대학의 직위를 받아들이거나 거절하는 기준으로 삼은 이사비용, 하이데거에게 단기간 돈을 빌려준 뒤 이자를 받기로 한 야스퍼스의 결정 등에 관한 내용이 포함되어 있었다. 이러한 평범한 관심사는 나치당이 권력을 장악한 시기 전후로 두 사람이 대학의 정치화에 관여하게 되면서 점차 사라지게 된다.

하이데거와의 연애가 시작된 지 약 일 년 후인 1926년, 아렌트는 마부르크를 떠나야 한다는 사실에 깊이 상심하고 있었다. 자신이 선택한 교수 아래에서 박사학위논문을 연구하고 집필하기 위해 대학을 바꾸는 일이 당시 학생들에게 흔한 일이었다고는 해도, 아렌트의 동기는 단지 그것 때문만은 아니었다. 아렌트가 자신만의 삶을 살아가기를 원했다는 건 명백하지만 동시에 그녀는 하이데거의 곁에 머무르며 그와 함께 연구하기를 원했다. 아마도 그녀는 자신의 결정을 일단 하이데거에게 알리면 그가 만류할 거라는 희망을 품었던 것 같다. 결국 하이데거의 행복이 —"내 사랑 때문에 당신에게 더 힘든 일이 있어서는 안 된다"— 다른 그 무엇보다도 우선이었다. 25년이 지난 후 아렌트는 하이데거에게 다음과 같이 불쑥 말했다. "제가 마부르크를 떠난 건 순전히 당신 때문이었어요."[13]

그러나 아렌트가 대학을 옮길 것을 고려하고 있다고 말했을 때, 하이데거는 이미 그녀가 마부르크 대학을 떠나야 한다고 판단을 내린 상태였다. 그의 담력이 사라졌는지, 아내가 의심하기 시작했는지, 아니면 아렌트의 존재가 지나치게 분란을 일으켰는지는 확실치 않다. 하지만 아렌트와는 달리 하이데거는 연애를 끝낼 의도가 없었고 단지 관계로 인한 위험부담을 줄이고자 했던 것이 분명하다.

1926년 1월, 하이데거는 일 년 전 편지에서 아렌트의 행복을 지켜주겠다고 표현했던 마음에 심각한 의심을 제기할 만한 편지를 썼다. 하이데거는 마치 아렌트가 이미 마부르크를 떠나기로 결정을 내린 것처럼 "그녀의 결정"을 강조해서 언급했다. 그러나 아렌트는 계속 망설였던 것으로 보인다. 하이데거는 아렌트의 스승으로서 자신과 함께 연구를 계속하도록 그녀를 설득할 수 있었다. 그러나 그는 그렇게 하지 않았다. 개인적인 감정과는 별도로 하이데거의 지도하에 연구한다는 것은 아렌트로서는 엄청나게 진지한 사안이었다. 아렌트는 『인간의 조건』(The Human Condition, 1958)을 출간한 후 하이데거에게 쓴 편지에서 "모든 면에서, 거의 모든 것에서 당신에게 빚을 졌어요."[14]라고 밝힌 바 있다.

하이데거가 아렌트에게 마부르크를 떠나도록 압박했음은 분명해 보인다. 하이데거는 아렌트가 마부르크 대학에서 연구를 수행할 능력이 있는가, 하고 의문을 제기했고, 그녀가 대학에서 자리를 잡는 데 실패했으며 적응하지 못했다고 주장했다. 하이데거에 의하면, 어울리지 않는 학교를 그만둘 용기가 없는 젊은이는 모자라는 사람이었다. 그럼에도 학교에 계속 머물러 있기를 고집한다면 그 젊은이는 성장의 기회를 포기하는 것이었다. 또한 하이데거는 "하이데거의 학생"으로 간주되는 것이 특별한 혜택이 아니라고 말했다—독일 내에서는 필적할 만한 사람이 없었던 철학자로서는 기묘한 발언인 셈이었다.

마부르크에서 가장 뛰어난 정신을 가진 사람들 중 한 명이라는 아렌트의 평판을 고려할 때, 그녀의 학문적 위치에 관한 하이데거의 평가는 믿기 힘들 정도이다. 일 년 내내 그녀만을 칭찬했고, 자신의 작업을 함께 논의했으며, 둘 사이의 정신적 친밀성을 반복해서 강조했던 스승이 학문적 수행능력과는 상관없는 이유로 그녀를 배신한 것이었다. 하이데거가 전문가로서 실패했다는 사실을 보여준 최초의 제자가 아렌트라면, 하이데거에게 그런 일을 겪은 제자는 그녀뿐만이 아니었다. 즉 하이데거는 총장으로 재임하는 동안 "국가사회주의자가 전혀 아니다."[15]라는 이유로 에드워드 바움가르텐(Eduard Baumgarten)의 승진을 막았다. 또한 하이데거는 막스 뮐러(Max Mueller)가 열렬한 가톨릭 신자였기 때문에 히틀러 치하의 제3제국에 부정적인 견해를 갖고 있다고 비난했고, 이로써 학자로서의 뮐러의 경력에 사실상 종지부를 찍게 만들었다. 학문적인 것이 아니라 개인적이고 정치적이며 종교적인 이유가 하이데거의 결정에 많은 영향을 끼쳤다. 하이데거 교수는 권력의 위치에 있었다. 그는 권력을 즐겼으며 자신이 옳다고 생각하는 일에 그 권력을 사용했다.

하이데거가 1926년 1월에 보낸 편지는 아렌트의 마음에 처음으로 의문을 싹트게 했을 테지만, 그녀는 곧 그런 생각을 지웠다. 편지에서 하이데거는 아렌트의 존재와 사랑이 자신의 작업과 삶에 본질적인 것이라고 확언했다. 그런 후에 아렌트가 지적 성장을 위해 무엇이 최선인가를 이해할 힘과 능력을 갖추고 있다면 마부르크를 떠나야 한다고 설득했다. 그는 아렌트의 결정이 그녀뿐만 아니라 자신에게도 희생을 요구하는 일이라고 언급했다. 하이데거는 모든 것을 아렌트를 위한 것으로 만들고자 했고, 그러한 희생이 두 사람을 — 정신적으로 — 고양시킬 수 있다고 생각했다.

십 년 후 아렌트가 하인리히 블뤼허에게 쓴 편지로 판단해보면, 시간이 흐르고 뒤늦게 깨달음의 지혜가 생긴 후에야 아렌트는 당시 하이데거의 난해한 주장 뒤에 숨겨진 의도를 온전히 파악한 것으로 보인다. 편지가 밝혀주듯, 그러한 사실을 알았을 때 아렌트는 자신이 폄하되고 조종당했으며 속았다고 느꼈다. 하지만 이러한 사실은 하이데거를 향한 아렌트의 행동에 어떠한 변화도 불러오지 않았다.

3

아렌트는 하이데거의 도제 역할을 거부하지 않았고 오히려 환영했다. 그녀의 복종 혹은 수동성은 오늘날의 기준이 아니라 당대의 보편적인 행동규범, 즉 학생이 교수를 주인으로 대우하도록 강요했던 규범에 따라 판단되어야 할 것이다. 더욱이 한 사람을 연인과 교수로 동시에 대해야 했던 일은 아렌트의 혼란을 가중시킬 수밖에 없었을 것이다.

독일 대학에서 교수와 학생의 관계는 스승과 제자라기보다는 장인과 도제 방식이 전제되었다. 당시 대부분의 유럽 교육기관에서는 선생과 학생이 주종관계라는 인식체계가 굳건히 확립되어 있었다. 독일 체계의 경우 프러시아 방식의 훈육과 위계질서, 그리고 구조화된 사고와 행동 양식이 지배적이었다. 가정에서 엄격한 아버지는 학교에서도 엄격했다. 대학교수는 문자 그대로 그리고 상징적인 의미에서, 받들어 모셔지는 위치에 놓였다. 강의실 분위기는 엄숙했고 예법은 강제적이었으며, 행동규칙은 — 옷차림, 외모, 매너 등에 관한 것 — 엄격하게 준수되었다. 30여 년 후, 버클리 대학 캠퍼스를 처음 보았을 때 아렌트는 일종의 문화충격을 경험했다. 훈육이 결핍되어 단정치 못하고 느긋한 태도의 미국 학생들이 아렌트는 마음에 들지 않았다. 시간이 지나면서 그 가치를 인정하게 되었지만, 미국 강의실의 비형식적인 기브 앤 테이크 방식은 당시의 아렌트에게는 매우 낯선 것이었다.

그 시기의 젊은 독일계 유대인 지성인들은 독일철학을 종교의 대체물로 여겼고, 철학자들에게서 독일성과 정신(Geist)의 구현을 찾고자 했다. 아렌트도 그중 한 사람이었는데 이 젊은이들에게 하이데거는 또 다른 매력으로 다가왔다. 즉 하이데거는 현대 독일사상 속에 그리스 철학을 부활시키고 포함함으로써 문화적 딜레마에 빠진 학생들에게 하나의 탈출구를 제공했다. 이런 점은 아렌트에게도 역시 매력으로 다가왔을 것이다. 자신의 영혼을 위해 하이데거의 보호를 갈구했던 아렌트의 욕망은 지적 소속감과 문화적 수용이 필요해짐에 따라 더욱 깊어진 것이다. 서구문화에 대한 하이데거의 배신이 학생들 자신의 '존재와 시간'을 위협했다고 간주된 제2차 세계대전 이후, 허버트 마르쿠제 같은 제자들은 하이데거에게 과거의 나치즘을 철회할 것을 요구했다. 그러나 또 다른 제자 그룹은 그에게 아무런 잘못이 없다고 선언했는데 아렌트는 후자에 속했다. 이러한 그녀의 행동은 부분적으로는 그녀 자신을 보호하고, 젊은 시절 스승의 도움으로 얻게 된 '정신'을 구하려는 시도였던 것으로 보인다. 하이데거를 향한 아렌트의 유대감은 그녀의 삶이 극적인 변화를 겪었음에도 불구하고 일관되게 유지되었다. 1941년, 아렌트는 미국으로 이주했고(미국은 정신적 가치보다 물질적 가치를 우선시하고 기술에 사로잡혀 있었기 때문에 하이데거가 경멸하는 나라였다.) 사랑하는 남자와 새로운 삶을 꾸렸다. 그러나 아렌트의 옛 제자가 관찰한 바대로 "심지어 그의 부재의 존재 속에서도" 하이데거는 그녀에게 권위자로 남아 있었다.[16]

하이데거는 강의실에서 누렸던 숭배의식을 아렌트와의 개인적인 관계 속에서도 누리고자 했다. 아렌트와의 사이에 하나의 장벽을 유지하는 일은 하이데거로서는 매우 중요했던 것으로 보인다. 왜냐하면 하이데거는 아렌트와 장인-도제 관계를 유지해야 했고, 자신의 권위가 위협받거나 아렌트가 지나치게 가까이 다가오는 데 두려움을 느꼈기 때문이다. 제대로 정돈된 삶을 살아온 하이데거로서는 난생 처음 양가적인 상황 속에 놓인 것이었고, 그는 이에 대처할 방법을 모색 중이었다. 두 사람의 관계가 지속되는 동안 학생으로서의 아렌트의 역할은 하이데거가 지닌 육체적 욕망과 충돌을 일으켰다. 두 사람의 사적인 관계에서 아렌트는 하이데거가 정한 방식에 동의했고, 그가 정해준 역할을 기꺼이 받아들였던 것으로 보인다. 그러나 이러한 역할은 종종 모순을 불러일으켰을 것이다.

두 사람이 함께 산책을 하거나 '그들의' 벤치에서 만날 때, 하이데거가 주로 말했고 아렌트는 경청했다. 두 사람의 편지에서 드러나듯, 하이데거의 모놀로그는 자신의 철학적 사고, 고대와 현대철학, 문학, 시, 음악, 자연 등에 관한 것이었고, 이는 청소년 시절부터 아렌트를 사로잡아온 주제들이었다. 두 사람은 바흐와 베토벤, 릴케와 토마스 만(두 사람 모두 『마의 산』에 열광했다.)을 좋아했다. 소크라테스와 플라톤, 헤라클레이토스에 관한 하이데거의 독백은 아렌트에게는 소중한 기억으로 남았다.

아렌트가 남긴 고백적 명상록 「그림자」는 1925년 여름에 아렌트가 하이데거를 위해 '선물'로 작성한 것이었다. 아렌트는 자신의 가장 내밀한 사고와 스스로 생각하기에 두려움과 취약함의 원천이 된 어린 시절, 그리고 청소년 시기에 대해 하이데거가 알아주기를 바랐다. 우울, 불안, 그리고 단절의 분위기를 풍기는 그 명상록은 괴테의 『젊은 베르테르의 슬픔』을 연상시킨다. 아렌트와 주고받은 편지 속에서 드러나는 하이데거의 모습 역시 철학과 문학의 중립지대로부터 멀어져 있다. 관능적인 사랑으로 가득한 하이데거의 편지는 아렌트와 마찬가지로 그 역시 감정을 말로 표현하기보다 글로 쓰는 편이 더 쉬웠음을 보여준다.

1926년 봄 학기가 되자 아렌트는 칼 야스퍼스의 지도 하에 철학박사 과정을 공부하기 위해 하이델베르크로 이사했다. 하이데거가 야스퍼스에게 그녀를 추천했고 이런 일은 교수들 사이에서는 흔한 관행이었다. 때로 야스퍼스는 아렌트에 관한 정보를 하이데거에게 알려주곤 했다. 야스퍼스가 전하는 이야기에는 사적인 소식까지 포함되어 있었다. 그것은 야스퍼스에게는 다소 무해한 잡담거리였지만 하이데거로서는 소중한 정보들이었다. 야스퍼스는 1949년에 이르러서야 두 사람이 연인관계였다는 사실을 아렌트로부터 듣게 된다.

아렌트는 마부르크를 떠났지만 하이데거를 떠난 것은

아니었다. 그러나 그녀는 자신의 새 주소를 하이데거에게 알려주지 않았다. 아렌트가 그렇게 한 이유는 밝혀지지 않았다. 아마도 그녀가 하이데거와 그의 정신 모두를 사랑한 반면에 하이데거의 사랑이 단지 육체적 끌림에서 비롯되었을 거라는 의심과 연관이 있는 것으로 보인다. 십 년 후 아렌트는 블뤼허에게 다음과 같이 편지했는데, 하이데거와의 초기 관계에 대해 언급한 것 같다. "'위대한 사랑'과 나 자신의 정체성을 동시에 유지할 수 있다는 사실을 나는 여전히 믿지 못하는 것 같아요. 정체성을 가졌으니 나는 이제야 '위대한 사랑'을 하게 되었어요. 마침내 나는 행복이 진정으로 무엇인지 알게 되었어요."[17]

하이데거는 최대한 사람들 눈에 띄지 않는 방식으로 아렌트와 연락을 주고받길 원했다. 그는 감히 하이델베르크 대학으로 편지를 부치지는 못했고, 그렇다고 야스퍼스에게 아렌트와 연락할 방법을 묻는 건 너무 위험했다. 결국 하이데거의 제자이자 아렌트의 친구인 한스 요나스(Hans Jonas)가 하이데거에게 아렌트의 주소를 알려주었다. 아렌트의 협조하에 다시 만남과 편지왕래가 시작되었다. 먼저 행동을 취하고 싶지 않았던 아렌트는 하이데거의 신호를 기다리고 있었던 것으로 보인다.

이제 하이데거는 예전보다 더욱 세심한 계획을 세웠다. 즉 프라이부르크에서 스위스로 가는 도중에 바인하임 같은 작은 마을에서 아렌트를 만나는 식이었다. 하이데거가 4월 4일 수요일에 마부르크를 떠나 프라이부르크로 향하면, 4월 6일에는 프라이부르크에서 스위스로 출발할 수 있었다. 그는 아렌트를 손님으로 초대했고 만남의 장소는 아마 호텔이었을 것이다.

하이데거는 자신의 편지가 제시간에 아렌트에게 닿을지 그리고 그녀가 시간을 낼 수 있을지 알 수 없었지만, 아렌트가 기꺼이 자신을 만나러 와줄 거라고 확신했다. 하이데거는 자신의 계획이 실현 가능하다는 것을 알리는 신호로 아렌트로 하여금 학기가 끝난 것을 축하하는 우편엽서를 보내도록 했다. 그는 자신이 탄 열차가 정차하는 모든 간이역마다 아렌트가 있는지 찾아보겠다고 약속했다.

시간이 흐르면서 두 사람의 편지왕래와 만남은 간헐적으로 이어졌다. 연락이 끊긴 채 몇 개월이 흐른 적도 있었다. 어떤 연락이든 하이데거가 먼저 시도했다. 이제는 편지가 그녀의 존재를 대신한다고 하이데거는 서술했다. 차츰 하이데거는 그녀의 "사랑스러운 손"을 현실이 아닌 상상 속에서만 잡을 수 있게 되었다. 그는 계속해서 아렌트의 행복을 빌었다.

1928년 초반, 하이데거는 처음에는 야스퍼스로부터 그 다음에는 아렌트로부터, 그녀의 인생에 나타난 남자인 베노 폰 비제(Benno von Wiese)에 대해 알게 되었다. 아렌트와 폰 비제, 두 학생을 모두 좋아했던 야스퍼스는 그들이 결혼을 약속했고 이는 완벽한 결혼이라고 하이데거에게 말했다. 그러나 아렌트나 폰 비제가 영구적인 결합을 생각했던 것 같지는 않다. 실제로 두 사람의 연애 기간은 짧았고(1927년부터 1928년까지이다.) 아렌트로서는 하이데거의 빈자리를 대신하려는 시도에 지나지 않았던 것 같다. 아렌트는 요구사항이 무척 많았던 스승 야스퍼스를 위해 열심히 일했고, 이제는 동반자도 갖게 되었다. 하지만 하이데거에게 폰 비제에 관해 알리기로 결정한 것을 보면 그녀의 마음속에 여전히 하이데거가 중요하게 자리 잡고 있었음을 알 수 있다. 아렌트는 하이데거에게 자신이 행복하다고 확언했다. 이 소식은 하이데거로부터 기쁨과(또는 안도감) 축복과 행운을 기원하는 말들을 이끌어냈지만, 그렇다고 아렌트를 향한 하이데거의 욕망이 멈춰진 것은 아니었다.

1928년 무렵의 어느 날, 아렌트는 가까운 친구 케테 레빈(Kaete Levin)과 함께 뉘른베르크와 주변 도시로 오랫동안 계획해온 여행을 떠났다. 여행 도중에 아렌트는 그녀를 호출하는 하이데거의 편지를 받았다. 아렌트는 한 순간의 망설임도 없이 여행을 중단했고, 하이데거를 만나기 위해 급히 떠났다.[18]

아렌트가 폰 비제와의 새로운 삶에서 불안정한 균형을 얻게 되자마자 하이데거는 과거의 추억과 변치 않는 사랑의 맹세, 그리고 아렌트를 향한 끝없는 그리움이 가득 담긴 편지와 쪽지들을 보내기 시작했다. 하이데거는 자신이 요구하지 않는 한 아렌트가 답장을 보내는 것을 원칙적으로 금지했고 아주 가끔씩만 허용했다. 아렌트는 '명령을 받고' 답장을 썼는데 이러한 일은 쉽지 않았을 것이다. 하이데거가 몇 달 동안 침묵하면 그녀도 그렇게 했다. 아렌트는 오래 지속되는 침묵에 대해 하이데거가 늘어놓는 변명을 받아들였고—악화된 건강, 회의, 세미나, 일, 교정쇄 등—그 대가로 또 한 번의 사랑의 맹세와 두 사람을 결속시키는 믿음의 고백을 들을 수 있었다. 그러나 이십 년 후 아렌트는 하이데거가 "항상 그리고 어디서나, 할 수 있다면 언제든지 거짓말을 하는 것으로 악명 높았다."[19]고 말하게 된다. 1930년대 초반 이후 아렌트가 하이데거를 접촉한 적이 없었으므로 그녀의 언급은 두 사람이 친밀했던 시절에 하이데거가 했던 변명들을 가리키는 것으로 보인다.

하이데거는 아렌트가 자신을 사랑하면서도 동시에 다른 남자와도 행복해질 수 있다고 믿게 만들었다. 스물두 살의 아렌트는 그녀가 나중에 하이데거를 그렇게 불렀 듯이, "여우"와는 맞지 않는 짝이었다.[20] 하이데거는 강의실에 앉아 있던 아렌트의 모습을 상기할 수 있도록 사진을 보내달라고 요청했다. 그녀가 마부르크를 떠난 것이 그다지 혹은 전혀 중요하지 않다는 듯한 태도였다. 저속하다고까지 할 수 있는 서정시와 열정으로 떨리는 하이데거의 글귀는 아렌트를 불안하게 만들었고, 자신을 향한 그의 욕망에 경계심을 품게 한 것으로 보인다. 하이데거의 언어는 그의 이성이 정열에 굴복하는 변화를 겪었음을 고스란히 보여준다. 관계의 초기에 그가 썼던 편지들은 섬세했고 신중했으며, 잘 다듬어진 문구들이었다. 그러나 그 이후의 편지들은 교양이라고는 없다고 할 정도로 상투적인 감상을 드러내는 것투성이였다. 그 편지에는 노골적인 언어로 표현된 제어할 수 없는 감정들이 담겨 있었다.

1928년 초반, 하이데거는 '그의' 결심을 굳혔다. 4월에 하이델베르크에서 이루어진 만남에서 하이데거는 아렌트에게 더 이상 연애관계를 지속할 수 없다고 말했다. 그해 초, 하이데거의 옛 스승이자 변치 않는 지지자였던 에 드먼드 후설은 오랜 협의를 거치고 자신이 적극적으로 추천한 결과, 하이데거가 후설의 빈자리를 대신해 프라이부르크 대학의 정교수가 되었다고 은밀하게 알려주었다. 서른아홉의 나이에 『존재와 시간』을 갓 출간한 하이데거는 이제 경력의 정점에 도달해 있었다. 아마도 그는 아렌트와의 관계가 발각될 경우 개인적으로 너무 큰 위험에 직면할 거라고 느꼈던 것 같다.

그러나 하이데거의 품안에는 이미 또 다른 여성이 있었다. 하이데거가 "사랑하는 리시"(liebe Lisi)라고 부른 엘리자베스 브로흐만(Elisabeth Blochmann)은 양친 중 한 사람이 유대인이었고 아내의 학교 친구이기도 했다. 브로흐만은 아렌트보다 열네 살 연상이었고 학자로서의 경력을 구축하고 있었다. 1927년에 하이데거는 "베를린에서의 아름다웠던 날들"에 대해 그녀에게 애정 어린 감사 편지를 보냈다. 1928년에는 "모든 것에 대해" 감사했고, 삼 년 전에 아렌트에게 그랬던 것처럼 아우구스티누스의 "volo ut sis"(나는 당신이 존재하기를 원한다)를 인용하여 편지를 보냈다.[21]

"저는 이제 당신이 오지 않는다는 사실을 이해하게 되었어요." 1928년 4월 말에 아렌트는 하이데거에게 편지했다. 그 편지에는 인사말이 생략되었는데 그것은 어떤 변화가 일어났음을 확실하게 알리는 신호였다. 아렌트는 하이데거와의 마지막 만남 이후 날이면 날마다 갑작스럽게 가슴을 찔러오는 설명할 길 없는 고뇌로 고통받고 있다고 편지에 썼다. 항상 모든 상황의 주도권을 쥐고 있던 하이데거는 마음의 결정을 내린 후 아렌트에게 충고하기 위해 그녀를 만나러 간 것이 분명해 보인다.

"당신이 저에게 보여준 그 길은 … 제가 생각했던 것보다 더 길고 어려워요. 그것은 전 생애를 통째로 삼켜버리는 일이에요."라고 아렌트는 편지했다. 그러나 그녀는 스스로에게 부과한 외로운 그 길을 걸어갈 준비가 되어 있었다. 왜냐하면 "이것이 살아가는 유일한 가능성"이었기 때문이다. 그녀에게 있어서 산다는 것은 하이데거를 사랑한다는 것을 의미했다. "만약 당신에 대한 사랑을 잃게 된다면 저는 살아갈 권리를 잃어버리게 될 거예요."라고 그녀는 덧붙였다. 이 모든 게 극적인 드라마 같다고 할지라도 그것은 절박한 편지였다. 그동안 자신의 감정을 공개적으로 말하기를 꺼려왔던 아렌트는 하이데거가 떠나겠다고 하자 불문율을 깼다. 다음과 같은 말을 종이 위에 옮기기까지 그녀는 자신의 모든 의지와 용기를 짜내었을 것이다.

"저는 당신을 사랑해요. 제가 당신을 처음 만난 날 그 랬던 것처럼. 당신은 이 사랑을 이미 알고 있었어요. 저 도 언제나 알고 있었지요." 평소처럼 "당신의 한나"라고 쓰는 대신에 그녀는 다음과 같이 편지를 맺었다. "신의 뜻에 따라/저는 죽음 이후에 당신을 더 사랑하게 될 거 예요."[22]

4

1929년 9월, 한나 아렌트는 하이데거의 또 다른 제자인 귄터 스턴과 결혼했다. 당시 스턴은 후설의 지도하에 철학박사 학위를 받았고 마부르크 대학의 하이데거와 교수자격 논문을 준비하고 있었다. 그는 1925년에 마부르크 대학에서 아렌트를 처음 만났다. 스턴은 훌륭한 유머감각을 지닌 진지하고 재능 있는 남자였지만, 당시 그의 의중이 어떠했든 간에 아렌트는 그에게 전혀 관심을 보이지 않았다.

1929년, 베를린에서 있었던 신년축하 파티에서 두 사람은 다시 만났고, 만난 지 겨우 한 달 만에 아렌트는 스턴의 집으로 짐을 옮겼다. 두 사람의 결혼은 적절했고, 아렌트의 어머니와 아동심리학의 선구자였던 스턴의 부모는 기뻐하

며 이들의 결혼을 반겼다.* 아렌트와 스턴은 공통된 배경
을 갖고 있었고, 둘 다 완벽하게 동화된 유대인 가정 출
신이었다. 두 사람은 동일한 계층에 속했고, 비슷한 지적
목표를 추구했으며, 음악과 문학을 사랑했다. 그리고 하
이데거의 철학을 열렬히 좋아하는 제자들이었다.

두 사람이 공유한 그 모든 타당성과 선의에도 불구하
고 그 결혼은 성공할 가능성이 적었다. 왜냐하면 하이데
거를 향한 아렌트의 사랑이 지속되고 있었기 때문이다.
그러나 아렌트는 충실한 아내였고 헌신적인 내조자였다.
아렌트는 스턴의 작업을 타이핑했고, 그가 큰소리로 읽
어주는 모든 원고의 내용에 귀를 기울였으며, 충고하고
제안한 후 다시 타이핑했다. 결혼생활이 지속되는 동안
두 사람은 좋은 친구였고, 1937년에 결혼생활이 끝난 후
에도 서로 우호적인 관계를 유지했다.

1940년 아렌트와 블뤼허가 강제로 프랑스를 떠나야
했을 때, 스턴은 미국 이민에 필요한 재정 보증서를 얻
도록 도와주었다.(스턴과 그의 부모는 미리 미국으로 도피했

---

* 스턴의 부모는 아동심리학을 개척한 학자들이다. 1914년에 출간된
『유아기의 심리학』(*Psychology of Early Childhood*)은 스턴의 어머니
인 클라라 스턴이 세 자녀의 어린 시절을 관찰한 후 양육에 있어서
유전적, 환경적 요인이 중요하다는 견해를 밝힌 저서이다.-역주

다.) 또한 실업이 망명객들의 존재 자체를 위협했던 1930
년대 중반에 스턴의 누이는 아렌트가 파리의 〈청년 알
리야〉에서 일자리를 얻도록 도와주었다. 수십 년이 지난
후에도 스턴은 자신의 첫 번째 부인이었던 아렌트에게
여전히 존경과 찬사를 보냈다.

아렌트와 귄터 스턴은 2년여 동안 작업을 계속했다.
스턴은 궁극적인 목표인 대학 직위를 위해 교수자격 논
문을 준비했고, 아렌트는 라헬 파른하겐의 전기 집필을
위해 연구하는 중이었다. 당시 스턴은 음악 철학에 관한
논문을 쓰고 있었는데 그의 작업은 교수들로부터 인정
받지 못했다. 스턴은 결국 작업을 포기하고 논문 주제를
저널리즘으로 바꿨다.

야스퍼스의 요청으로 하이데거는 아렌트가 정기적으
로 연구비를 받을 수 있도록 추천서를 작성해주었다. 대
학 시절에 아렌트는 베를린에 사는 삼촌 에른스트 아론
(Ernst Aron)의 경제적인 도움을 받았지만(아렌트의 어머니
나 남편은 도움을 줄 수 없었거나, 혹은 아렌트가 이 방식을 더 편
하게 여겼던 것 같다.) 이제는 더 이상 그의 도움은 받을 수
없는 상태였다.

1929년의 주식시장 붕괴 이후 아렌트와 스턴은 적은
돈으로 생활을 꾸려야 했지만, 풍부한 사회 문화적 삶

의 방식을 유지할 수는 있었다. 두 사람은 한동안 베를린에서 살았고 이후 프랑크푸르트로 이사했다가 다시 베를린으로 돌아왔다. 스턴은 베를린에서 귄터 안더스(Geunther Anders)라는 필명으로 문필가 경력을 쌓기 시작했다. 이후 스턴은 베르톨트 브레히트(Bertolt Brecht)의 협력자로서 생명의 위협을 느꼈고, 1933년 초 파리로 도피했다. 스턴의 파리행으로 인해 두 사람의 결혼생활은 사실상 종지부를 찍었다.

모든 가능성으로 보건대, 스턴 부부의 대화에 하이데거가 빈번한 주제로 등장했고(그러나 아렌트는 하이데거와 연인관계라는 사실은 비밀에 부쳤다), 아렌트가 하이데거의 인종적 편견에 대해 알게 된 건 스턴을 통해서였던 것으로 보인다. 스턴은 스승과 긴 토론을 한 후 하이데거의 "정치적 반동주의 성향과 극렬한 민족주의"[23]를 확신하게 되었다고 회고했다. 언젠가 스턴은 다른 학생들과 함께 하이데거의 토트나우베르크 통나무집에 초대받은 적이 있었다. 그때 그는 다른 학생들보다 훨씬 더 오래인 5분 동안 물구나무서기를 해보였고, 이로 인해 하이데거의 "말문이 막히도록" 했다. 스턴은 하이데거가 "그야말로 모욕을 당한 것처럼 보였는데, 왜냐하면 그 광경은 하이데거가 나에 대해 갖고 있던 부정적인 이미지와 맞지 않았기 때문이다."라고 회상했다. 스턴이 물구나무서기를 할 수 있고, 더욱이 "건장한 체격을 갖춘 금발머리의 사랑스러운 제자들"보다 더 오래 버텼다는 사실이 하이데거로서는 이해할 수 없었던 것이다.

다음 날 아침 모든 사람들이 프라이부르크까지 걸어서 돌아갔고, 스턴은 엘프리데 하이데거와 손을 잡고 걸었다. 스턴이 유대인이라는 걸 알지 못했던 엘프리데는 그의 건장한 신체를 칭찬한 뒤 나치당에 가입할 것을 제안했다. "저를 똑바로 보세요."라고 스턴은 대꾸했다. "그러면 제가 바로 당신이 추방하기를 원하는 사람들 중 하나라는 걸 아시게 될 겁니다."[24]

남편의 이러한 경험에도 불구하고 하이데거를 향한 아렌트의 감정은 변함이 없었다. 1929년 초에 작성된 것으로 보이는 날짜 미상의 한 편지에서 아렌트는 "당신이 가장 이해하지 못할 한 남자에게서 저의 불안정을 다스릴 안식처와 소속감"을 발견했다고 하이데거에게 알렸다. 또한 그녀는 하이델베르크에서의 최근 만남을 회상하면서 그 만남이 하이데거에 대한 믿음을 새롭게 강화시켰고 자신을 행복하게 만들었다고 언급했다. 아렌트는 하이데거와의 재회에 무척 고무되었다. "예전의 안정감과 예전의 요구를 지닌 채 오늘 저는 당신에게 왔어요.

저를 잊지 마세요. 그리고 우리의 사랑이 제 인생의 축복이라는 걸 제가 이토록 강하고 깊게 알고 있다는 것도 잊지 마세요."

"당신이 잘 지내는지, 어떤 작업을 하고 있는지, 프라이부르크를 어떻게 생각하는지 너무나 절실하게, 너무나 고통스럽게, 알고 싶어요." 하고 그녀는 편지에 썼다. 1928년 4월 22일자 편지에서 "신의 뜻에 따라/저는 죽음 이후에 당신을 더 사랑하게 될 거예요."라고 썼던 것과는 달리, 이 편지는 다음과 같은 사랑스러운 문구로 마무리되었다. "당신의 이마와 눈에 키스를 보내요."[25]

날짜 미상인 아렌트의 또 다른 편지는 귄터 스턴과 결혼한 직후인 1929년 9월이나 10월에 작성된 것으로 보인다. 하이데거는 이들 부부의 집을 방문했고―아마도 스턴의 교수자격 논문을 논의한다는 명분이었을 것이다―이후 하이데거와 스턴은 같은 기차를 타게 되었는데, 아마도 프라이부르크행 기차였던 것 같다. 사랑하는 연인의 모습을 마지막으로 한 번 더 보고 싶었던 아렌트는 비밀리에 기차역을 방문한다는 계획을 세웠다. 하이데거에게 보낸 편지에서 아렌트는 자신이 규칙을 위반했다고 고백했다. "저를 용서하세요." 아렌트는 두 번이나 간청했다. 상상 속에서 "당신과 귄터"가 기차 유리창

옆에 함께 서 있고, "저는 홀로 플랫폼에" 있었다고 그녀
는 서술했다. 그러나 그것은 상상이 아니라 실제로 일어
난 일이었다. 하이데거를 만날 때마다 과거가 휘몰아쳐
되살아나고, 그가 "제 삶의 연속성과, 우리 ― '제발' 제가
이 말을 하도록 해주세요 ― 사랑의 연속성"을 제공했다
는 새로운 인식을 갖게 된다고 아렌트는 편지에 썼다.

"저는 몇 초 동안 당신 앞에 서 있었고, 실제로 당신은
저를 보았어요. 당신은 스치듯 저를 봤어요. 그리고 저를
못 알아보셨어요."

그녀는 보이지 않는 인간이 된 듯 여겨졌다. 그 순간
어린 시절에 어머니가 들려주었던 동화에 관한 무서운
기억이 그녀를 사로잡았다. 코가 너무 커져 아무도 알아
볼 수 없었던 난쟁이에 관한 이야기였다. "어머니는 마치
그 일이 제게 일어난 것처럼 꾸미셨어요. 저는 지금도 걷
잡을 수 없는 공포 속에서 계속 울었던 그 순간을 기억
해요. 그러나 저는 정말로 당신의 아이예요. 저는 정말로
하나예요."라고 그녀는 편지에 썼다. "오늘 저는 그때와
똑같은 심정을 느꼈어요."

"그리고 기차는 재빨리 떠나갔어요. 제가 상상한 그대
로 일어난 일이었죠. 당신 두 사람은 제 위 편 높은 곳에
있고, 저는 홀로 그야말로 무력했어요. 늘 그랬던 것처

럼 모든 걸 있는 그대로 내버려둘 수밖에 없었어요. 저는 아무것도 할 수가 없었어요. 그리고 기다리고, 기다리고, 기다려요."[26]

톨스토이의 안나 카레니나처럼 아렌트는 기차역의 군중 속에 숨어서 떠나가는 연인을, 보이지 않고 요구받지 않은 채, 그대로 지켜보고 있었다.

1950년 이전에 하이데거가 아렌트에게 보낸 마지막 편지는—내용으로 미루어보아 프라이부르크 대학 총장으로 임명된 이후인 1933년 봄에 쓴 것이다—아렌트의 편지에 대한 답장이었다. 아렌트는 편지에서 하이데거에 관한 소문, 즉 그가 세미나에 유대인 학생들을 배제시키고 교정에서 유대인 동료들과 인사를 나누지 않으며, 유대인 박사과정 학생들을 퇴출시키면서 반유대주의자처럼 행동한다는 소문을 듣는 것이 괴롭다고 토로했다. 그때까지 서로에게 금기어였던 '유대인'이라는 단어가 처음에는 아렌트에 의해 그리고 그 다음에는 하이데거에 의해 마침내 편지에 등장했다.

하이데거는 격렬하고 냉소적으로 그러한 소문을 부인했다. 그는 그동안 유대인들에게 베풀었던 호의를 일일이 하나씩 열거했다. 자신은 작업을 방해받으면서까지 자비롭게 시간을 할애해 유대인 학생들을 응대했고,

그들이 월급을 받을 수 있도록 해주었으며, 함께 논문을 토론해주었다는 것이었다.

위급한 상황이 닥쳤을 때 자신을 찾아온 사람이 누구였는가? 유대인. 박사학위에 관해 긴급히 토론하기를 요청한 사람이 누구였는가? 유대인. 급하게 논평을 부탁하며 방대한 분량의 작업을 자신에게 보낸 사람이 누구였는가? 유대인. 연구비를 얻을 수 있도록 자신에게 도움을 청한 사람이 누구였는가? 유대인. 로마에서 월급을 받을 수 있도록 자신이 누구를 위해 주선해주었는가? 유대인. 만약 누군가 이런 행동을 반유대주의라고 낙인찍는다면 그렇게 하도록 내버려두라고 하이데거는 편지에 썼다. 자신은 20년 전 마부르크에서 행동했던 것과 똑같은 정도로만 반유대주의자일 뿐이다 — 하이데거의 이 발언은 아렌트와의 연애를 전혀 섬세하지 않은 방식으로 암시하는 것이었다. 달리 말하면, 만약 내가 반유대주의자였다면 유대인인 너를 사랑했겠는가? 라고 말하는 것이었다.

하이데거는 계속해서, 물론 대학에서 일하는 동안 줄곧 중상모략에 시달렸으니 내가 어떻게 아렌트를 포함한 학생들로부터 고마운 마음을 받게 되기를 기대하겠는가? 하고 불평했다. 딱히 논리적이지 않은 성난 주장을 더욱 혼란스럽게 만들면서 그는 반유대주의에 관한 모든 혐의가 자신과 유대인들과의 개인적인 관계와는 아무런 상관이 없다고 주장했다. 하이데거는 몇몇 유대인 학자를 언급했는데 그중에는 후설도 포함되어 있었다. 또한 확실히 반유대주의는 아렌트를 향한 그의 태도에 전혀 영향을 미치지 않았다고 언급했다.

아렌트가 이 편지에 어떻게 반응했던 것일까? 하이데거는 실제로 중상모략의 피해자인가? 아니면 하이데거가 독일인과 독일계 유대인, 자신과 독일계 유대인, 그리고 자신이 특별히 호의를 베푼 동료들과 학생들 사이에 분명한 선을 그었다는 것을 아렌트가 온전히 이해했던 것일까? 하이데거의 이러한 구분은 두 사람의 관계와도 연관이 있었다. 즉 그들의 관계는 한 여성과 한 남성이 아니라, 유대인 여성과 독일인 남성의 관계였던 것이다.

1929년 10월, 하이데거는 교육부의 한 고위 공직자에게 "증가하는 유대인화"에 대해 경고하는 편지를 썼다. 만약 아렌트가 이러한 사실을 알았더라면 하이데거의 태도가 놀라움으로 다가오지는 않았을 것이다. 당시 하이데거의 편지는 다음과 같았다. "그 문제는 우리가 하나의 선택에 직면하게 되었다는 긴박한 인식과도 관계가 있습니다──우리 '독일'의 정신적 삶을 순수한 독일태생의 조직이나 교육자들로 충원하거나, 아니면 넓거나 좁은 의미에서 증가하는 유대인화에 완전히 굴복하거나 하는 것입니다."[27] 아렌트는 결국, 하이데거의 관점에서 보자면 독일 젊은이의 영혼을 '유대인화'하는 미래의 학자들 중 한 사람인 셈이었다. 그러나 아렌트는 하이데거의 이 편지를 읽지 못했다. 하이데거의 이 편지가 1989년에야 발견되었기 때문이다.

우리는 아렌트가 그 누구와도 공유하지 않았던 생각을 단지 추측할 수 있을 뿐이다. 아렌트는 하이데거를 대단히 이상화했고, 그래서 자신이 너무나 잘 알고 있다고 여긴 남자가 불미스러운 행동에 연관되었을 것이라는 생각을 털어냈을 가능성이 있다. 먼 훗날, 아렌트가 하이데거를 두고 "잠재적 살인자"라고 부르며 후설을 죽음으로 몰아넣었다고 비난하는 시기가 올 것이었다. 그러나 그 시간은 아직 도래하지 않았고, 그때가 되어서도 아렌트는 결국 자신의 말을 철회하게 된다.

아렌트에게 보낸 하이데거의 양가적인 태도의 편지와 히틀러를 지지한 총장 취임연설에 관한 뉴스, 그리고 그의 나치당 입당은 1933년 8월에 독일을 떠나야겠다는 아렌트의 결심을 더욱 굳히게 만든 것으로 보인다.

5

아렌트가 "다시는 남자를 사랑하지 않겠다"고 한 스스로의 약속을 뒤집고 충분히 자신감을 회복하기까지는 십여 년의 세월이 걸렸다. 1936년, 아렌트는 파리에서 자신과 같은 처지인 독일인 망명객 하인리히 블뤼허를 만나게 되었다. 아렌트가 사적 혹은 공적인 여행을 떠날 때면 두 사람은 정기적으로 (때로는 매일) 편지를 주고받았다. 블뤼허에게 보낸 아렌트의 초기 편지에는 하이데거와의 연애가 남긴 불안이 고스란히 드러난다. 블뤼허가 "사랑하는 이에게"라는 호칭으로 편지를 보낸 이후에도 아렌트는 그에게 첫 인사의 호칭을 사용하지 않았다. 또한 편지를 맺을 때에도 이니셜 외에는 아무것도 쓰지 않았다. 아렌트는 블뤼허로부터 제대로 된 소식이 오지 않을 것을 염려하여 — 프랑스에서 '적국인(enemy aliens)'

으로 분류되어 살아가는 불확실한 생존의 문제가 아렌트의 염려를 정당화시킨다 — 그가 자신의 편지를 받았는지 확인해달라고 요청할 뿐이었다. "이것은 당신이 의무적으로 편지해야 한다는 의미가 '결코' 아니에요." 하고 그녀는 다소 우스꽝스럽게 강조했다. "단지 확인만 해주세요."[28] 아렌트는 언제나 블뤼허가 먼저 행동을 취하도록 했다. "당신의 편지를 확인하는 것을 잊다니, 난 정말로 바보 같은 사람입니다. 나는 모든 편지를 받았고, 나의 온 가슴으로 그것을 받았음을 '확인'합니다."라고 블뤼허는 그녀를 놀렸다.[29] "나는 당신이 내 편지를 좋아하지 않는다고 생각했어요."라고 아렌트는 응답했다. "그래서 당신이 편지를 쓰지 않는다고 여겼지요."[30] "소중한 사람, 나는 당신을 사랑해요."라고 블뤼허가 편지한 후에야 아렌트는 제한적으로 "소중한 사람, 내 생각에, 나는 당신을 사랑해요."[31]라고 응답했다.

세월이 흐르면서 아렌트는 하이데거와의 연애에 관해 충분히 되새겨볼 수 있었다. 어떤 의미에서, 그 연애는 아직 끝나지 않은 것이었다. 아렌트는 하이데거가 자신을 사랑했음에도 자신에게 굴욕감을 안겨주었고, 교묘한 술책으로 가차 없이 닫힌 상자 속으로 밀어 넣었으며, 그래서 자신이 할 수 있었던 일이란 "기다리고, 기다

리고, 기다리는" 일뿐이었다고 믿게 되었다. 서른의 나이에 자기억제와 두려움에 휩싸인 아렌트는 자신의 감정뿐만 아니라 블뤼허의 감정 또한 믿지 못했다. 의심과 불확실에 휩싸인 채 극도로 조심스러워하며 아렌트는 블뤼허와의 새로운 관계를 향해 조금씩 나아가고 있었다.

아렌트의 머뭇거림에도 불구하고 그들 관계의 가장 강력한 유대감인 우정이 차츰 쌓여갔다. 두 사람이 서로에게 귀속되어 있다는 블뤼허의 강력한 믿음 때문이었다. 아렌트와 블뤼허는 조국과 친구와 가족과 일과 꿈을 뒤로한 채 난파당한 사람들이었다. 두 사람의 꿈은 전혀 달랐다. 아렌트는 현실정치에 전혀 관심이 없었으며 학문적 경력을 위해 작업하는 중이었다. 블뤼허는 프롤레타리아로서 공식 교육을 받지 않았고, 스파르타쿠스 동맹의 극좌파 계층에 속했다. 그는 총으로 무장한 채 싸웠고 이후 독일 공산당에 입당했다. 아렌트는 유대인이었기 때문에, 그리고 블뤼허는 공산주의자였기 때문에 독일을 떠나 망명객이 되었다. 두 사람 모두 악몽 속에서 망명생활을 했고, 서로의 악몽은 두 사람을 더욱 가깝게 만들었다.

독일에서 또다시 동료들이 검거된 데 충격을 받은 블뤼허는 아렌트에게 보낸 편지에서 반복되어 나타나는 꿈에 대해 설명했다. "왜냐하면 당신에게 모든 것을 말하기로 약속했기 때문"[32]이었다. 꿈속에서 그는 사형집행인, 고문, 긴 칼들, 어두컴컴한 빌딩에서 벌어지는 숨 막히는 전투 등을 보았다. 또한 게슈타포로부터 도망치고 함정에 빠진 친구를 구하려는 시도를 재현했다. 블뤼허의 공포는 친구들을 저버렸다는 죄책감으로 악화되었고, 그것은 끊임없이 그의 일상을 괴롭혔다. 두 사람이 고통과 죄의식을 공유함으로써 서로에 대한 이성적인 매력이나 애정보다 훨씬 더 깊은 친밀감으로 맺어졌다는 사실을 블뤼허가 자신에게 알리고 있다는 것을, 아렌트는 이해했다. 그녀는 응답했다. "친애하는 나의 친구"라는 인사말로 시작된 편지에서 아렌트는 다음과 같이 말했다. "당신은 내가 당신을, 오직 당신만을, 그리고 오직 우리 두 사람만을 신뢰하도록 만들어요."[33]

두 사람이 교제한 지 약 3개월 후인 1936년 8월 말경, 아렌트는 블뤼허에게 고백할 준비가 되었다. "내가 당신을 사랑한다는 것을 당신은 파리에서 이미 알고 있었어요. 내가 알고 있었던 것처럼요." 하고 아렌트는 스위스에서 편지를 보냈다. "내가 그걸 말하지 않은 건 그 결과가 두려웠기 때문이었어요. 그리고 오늘 내가 말할 수 있는 건 오직 이것뿐이에요. 우리의 사랑을 위해 우리가 서로 노력할 거라는 것을요. 내가 당신의 아내가 될 수 있을지, 내가 그것을 원하게 될 것인지는 잘 모르겠어요."[34]

편지 속에서 드러나는 블뤼허는 따뜻하지만 감상적이지 않고, 현명하지만 압도하거나 가르치려 들지 않으며, 아렌트의 정신과 독립성을 존중하고, 그녀를 배려하지만 소유하거나 군림하려 들지 않는 사람이었다.

"다른 사람에게 무조건적으로 귀속되어 있다는 것이 어떤 의미인지 나는 지금껏 알지 못했어요."라고 아렌트는 편지에 썼다.

그리고 이틀 후 그녀는 다음과 같이 편지했다. "당신의 사랑 안에서 난 깊은 안정감을 느껴요… 나는 당신을 깊고, 격렬하게, 마음을 담아, 사랑해요."[35]

질식할 듯하고 빈틈 없으며 장황하기도 했던 하이데거의 편지 뒤에 이어진 블뤼허의 편지는, 마치 신선한 공기를 마시는 것과도 같았다. 블뤼허는 아렌트의 정신적, 육체적 건강에 주의를 기울이며 그녀 삶의 전 영역에 관여하는 것을 두려워하지 않았고, 드러나지 않는 자연스러운 방식으로 아렌트에 대해 책임감을 표명했다. 블뤼허는 아렌트가 나약하고, 불안정하고, 두려워할 수 있도록 자유를 주었다. 아렌트가 어머니를 만나러 스위스로 떠나자 블뤼허는 그녀와 관련된 모든 일—그녀와 어머니의 관계(아렌트가 어머니와의 갈등에서 자유롭지 못하다는 걸 블뤼허는 알고 있었다), 그녀의 일, 식습관, 휴식, 그리고 따뜻함—이 자신에게 참으로 중요하다고 편지를 보냈다. 편지에서 블뤼허는 따뜻한 겨울코트를 사 입으라고 반복해서 우겼고, 결국 아렌트는 그의 말을 받아들였다.

아마도 아렌트는 하이데거와 블뤼허를 비교하거나 두 사람의 사랑을 비교하는 일에 대해 질겁하며 놀랐을 것이다. 그러나 세월이 흐르고 망명생활이 계속되는 동안 그녀는 전혀 다른 눈으로 자기 자신을 이해하게 되었다. "당신을 만난 이후" 하고 아렌트는 블뤼허에게 편지했다. "나는 마침내 더 이상 두려워하지 않게 되었어요. 최초의 충격이 성인기에 나타났지만 사실 그건 여전히 어린아이 시절의 충격이었어요."[36]

어린아이였던 그녀를 사로잡았던 공포는 하이데거를 통해 완화되지 못했다. 오히려 그 공포는 하이데거와의 연애가 지속되는 동안 더욱 증폭되었다.

누군가를 사랑하면서도 동시에 자신의 정체성을 유지할 수 있다는 생각에 아렌트가 익숙해지기까지는 시간이 걸렸다. 왜냐하면 지난 수년 동안 아렌트는 하나를 위해 다른 하나를 내주었고, 자기 자신과 끊임없이 불화하며 살아왔기 때문이었다. 블뤼허는 사랑이나 우정에 있어서 이러한 타협이 양립할 수 없다는 걸 몸소 보여주었다. "마침내" 하고 아렌트는 말했다. "행복이 진정으로 무엇인지 나는 알게 되었어요."[37] 사랑은 그것이 얼마나 열정적이든 간에, 그 자체로, 삶의 현실과 유리되어 성적 충동이나 권력의 행사에 의해서만 유지된다면 파괴적일 수 있다는 사실을 그녀는 서서히 알게 되었다. 확실히 지난날의 사랑은 그녀에게 그러했다.

의미심장하게도 제2차 세계대전 이전에 블뤼허와 주고받은 편지에서 아렌트는 단 한 번도 하이데거의 이름을 거론하지 않았다. 그러나 블뤼허는 아렌트가 정서적인 친밀감이나 거절을 두려워하는 여인이라는 걸 어렵지 않게 알 수 있었다. "나는 당신을 사랑해요."라는 문장 앞에 "내 생각에"를 제한적으로 삽입한 것을 두고 블뤼허는 아렌트를 부드럽게 놀리곤 했다. 그녀의 이러한 표현은 불확실성이라기보다는 헌신을 표현하는 것에 대한 두려움을 노출시킨 것이었다.[38]

아렌트는 하이데거에게 "저는 당신을 사랑해요."라고 말한 후 독립성을 포기해야 했다. "만약 내가 나 자신으로 존재할 수 없다면, 만약 사랑의 대가로 내가 독립성을 포기해야 한다면"이라고 아렌트가 블뤼허에게 말했을 때, 블뤼허는 확실히 그녀의 과거 경험에 대해 결론을 내릴 수 있었다.[39] 그러나 아렌트가 자신의 청년기 로맨스에 대해 블뤼허에게 고백했을 때조차도(아마 제2차 세계대전 이후 하이데거가 나치즘 혐의에 직면했던 시기였을 것이다.) 블뤼허는 하이데거를 향한 아렌트의 결속력의 깊이를 결국 온전히 이해하지 못했다. 상식적이었던 그는 독일인 특유의 정서로 불쾌감을 느꼈을 뿐이었다. 블뤼허는 아렌트와 하이데거의 연애가 끝났다고 잘못 간주했다.

블뤼허에게 있어서 사랑은 육체와 정신을 자극하는 힘이었고, 두 연인이 함께 개발하고 행동하고 창조할 하나의 열린 공간을 의미하는 일이었다. 1937년 9월, 블뤼허는 "당신은 바로 당신 자신이 될 거예요. 그리고 나 역시 그렇게 될 거예요."라고 아렌트에게 편지했다. 따로 분리할 수 없는 독립성과 의존성이 블뤼허와 아렌트가 공유한 힘의 근원이었다. 성적 쾌락 역시 그러했다. "그래서 내가 당신을 소녀에서 여인으로 바꾸어 놓았다는 거예요? 얼마나 멋진 일인가요."[40]

그러나 블뤼허의 안전한 사랑 안에서조차 아렌트는 자존감을 온전히 회복할 수 없었다. 1937년, 두 사람이 이미 동거하고 있을 때—아렌트는 굳이 결혼을 서두르지 않았다—제네바에 있었던 그녀는 파리의 블뤼허에게 다음과 같이 편지를 보냈다.

"아세요, 하인리히. 당신을 만났던 초기에 나는 이틀에 한 번씩 편지를 썼어요. 당신의 반응에 전적으로 확신이 없었고, 이런 문제에 있어서는 당신을 거의 노예처럼 따랐기 때문이에요. 왜냐하면 — 이것은 한 여자가 갖는 영원한 두려움이에요 — 여자는 자신의 사랑이, 넘치는 그 사랑이 상대에게 짐으로 여겨질까 항상 두려워하기 때문이에요."[41]

하이데거가 자신의 허락 없이는 편지하지 말아달라고 요구한 지 10년이 지났지만, 아렌트는 여전히 반쯤은 마비상태에 놓여 있었다. 비록 당시의 여성들이 행동하기보다는 반응하도록 길들여졌다고 하더라도 하이데거는 아렌트 내부의 "노예적인" 면모를 더욱 강화시켰다. 독립적이고 인습에 얽매이지 않은 여성이었던 아렌트는 사적인 삶에 있어서는 여전히 전통적인 역할 속에서 남성을 이해하고 있었던 것이다.

6

아렌트는 독일을 떠나면서 마틴 하이데거와의 관계를 정리했다. 아렌트의 스승인 칼 야스퍼스는 하이데거가 스스로 관계를 끊을 때까지 하이데거와의 우정을 유지했다. 아렌트와 야스퍼스 두 사람 모두 제2차 세계대전 이후 하이데거에게 먼저 화해를 청했다. 하이데거와의 관계가 달랐던 만큼이나 두 사람이 하이데거에게 화해를 청한 이유 또한 각각 달랐지만, 근본적인 이유는 동일했다. 그것은 바로 두 사람에게 미치는 하이데거의 영향력 때문이었다.

야스퍼스는 하이데거를 철학 분야에 있어서 자신의 유일한 동료로 간주했다. 두 사람은 1920년에 에드먼드 후설의 집에서 처음 만났고, 널리 인정받던 교수와 젊은 강사는 즉시 서로를 이해했다. 철학에 대한 공통된 접근 방식과 '아카데미 철학'에 대한 불만을 기반으로 두 사람은 우정을 발전시켜나갔다. 두 사람의 관계는 하이데거가 나치즘을 포용한 1933년 이후에도 지속되었지만 하이데거에 의해 1936년에 단절되었다. 1949년, 야스퍼스의 편지로 두 사람의 관계가 재개되었을 때 그들의 관계는 이전의 유대가 남긴 음영과도 같은 것이었다. 하이데거에게 보낸 야스퍼스의 편지들은 야스퍼스가 겪었던 끝없는 내적 갈등의 원인이 하이데거가 그를 저버려서가 아니라 야스퍼스가 진정으로 하이데거가 다시 돌아오기를 원했기 때문임을 증명해준다. 제2차 세계대전 이후 하이데거에게 보낸 편지에서 아렌트가 두 사람이 공유한 과거를 환기했듯이, 1953년에 일흔 살의 야스퍼스는 하이데거에게 다음과 같이 편지했다. "나는 내 앞에 있는 자네를 보네. 마치 바로 지금 이 순간인 것처럼." 야스퍼스는 하이데거가 자신을 자주 방문했던 시절을 회상했던 것이다.[42]

아렌트와 하이데거가 그랬던 것처럼 야스퍼스와 하이데거는 줄곧 복잡한 관계를 유지했다. 아렌트와 야스퍼스는 둘 다 하이데거에게 매료되어 있었고 각각 다른 이유로 그 매력에 저항했지만, 결국은 둘 다 저항에 실패했다. 두 사람에게 하이데거는 거부할 수 없는 힘이었던 것이다. 1949년, 전쟁 이후 자신을 처음으로 방문한 아렌트에게 야스퍼스는 "가엾은 하이데거"라고 언급한 바 있다. "여기, 그의 가장 절친한 두 친구인 우리가 앉아 있고, 우리는 그를 샅샅이 간파하고 있어."[43] 두 사람은 하이데거의 이중성과 위선과 조작을 간파했지만, 그렇다고 이런 점들이 하이데거와의 단절된 관계를 회복하려는 노력에 걸림돌이 된 건 아니었다.

야스퍼스를 만나러 오는 여행길에 하이데거를 만나볼 생각을 했다고 아렌트는 야스퍼스에게 털어놓지 않았다. 아렌트는 친구인 야스퍼스의 감정을 고려했고, 오랜 시간 고민해왔던 그 방문계획에 스스로 확신이 서지 않았던 것으로 보인다. 아렌트는 자신이 하이데거와 연락을 재개하면 야스퍼스가 고통받을 것이라는 걸 알았다. 그러나 아렌트는 야스퍼스 스스로도 하이데거와 만나고 싶은 욕망과 싸우고 있다는 사실을 몰랐다. 야스퍼스가 개인적으로 겪고 있는 극적인 상황은 알지 못한 채 아렌트는 야스퍼스가 유감스럽게 생각하는 이유가 하이데거의 나치 협력 탓이라고 간주했다.

1951년 3월, 아렌트가 마침내 하이데거를 만난 지 일년이 지났을 때 그녀는 "그때 어떤 악마가 하이데거를 사로잡고 있었는지 그는 정말 몰랐고, 그것을 알아낼 수 있는 위치에 있지도 않았다."고 야스퍼스에게 확언했다. 그러나 야스퍼스는 그녀의 설명을 무시했다.[44] 이후 몇 년에 걸쳐 하이데거는 야스퍼스와 화해할 수 있도록 중재해달라고 아렌트에게 간청했다. 그러나 아렌트와 하이데거의 회복된 관계 자체가 사실은 야스퍼스를 더 불편하게 하고 질투를 불러일으켰으며, 야스퍼스를 하이데거로부터 더욱 멀어지게 만들었다.

1949년에 야스퍼스와 하이데거는 열네 통의 편지를 교환했고, 1950년에는 여덟 통을 교환했다. 1952년부터 1963년 사이에는 다섯 통의 편지가 남아 있다. 아렌트가 남편에게 알린 바 있듯이, 그녀는 하이데거를 위해 야스퍼스와의 중재를 수없이 시도했고 그때마다 성과를 거두지 못했다.* 세상을 떠나기 삼 년 전에 야스퍼스는 하이데거가 여러 측면을 가진 사람임을 아렌트에게 이해시키려 노력했고 이러한 사실은 하이데거에 대한 야스퍼스의 감정이 어땠는지를 보여주는 것이다.

1928년부터 1964년에 걸쳐 야스퍼스는 하이데거의

---

* 1952년 5월 24일, 아렌트는 블뤼허에게 다음과 같이 편지했다. "야스퍼스와의 일은 그(하이데거)에게 끔찍한 타격을 입혔어요. 그는 이 일 때문에 고통을 받고 있고, 만약 내가 아무런 일도 할 수 없다면 난 스스로 불행해지고 말 거예요… 나는 다음 주에 야스퍼스를 만날 예정이지만 일이 성사될 가망은 별로 없어요."(출처: 미 의회도서관)

작업, 성격, 행동 등에 관해 메모했고, 특히 하이데거와 그의 철학에 대한 자신의 생각을 기록했다. 야스퍼스의 친구이자 보조원이었던 한스 자너(Hans Saner)의 기록에 따르면 이 메모는 야스퍼스가 세상을 떠난 1969년 이후 야스퍼스의 책상에서 발견되었다. 1978년에 자너는 이를 책으로 출판했다.[45]

1950년대 중반, 야스퍼스는 자신의 저서 『철학적 자서전』(Philosophical Autobiography)에 포함하기 위해 하이데거와의 우정에 관한 장(章) 하나를 집필했다. 하지만 오랜 숙고 끝에 야스퍼스는 그 장을 삭제했는데(1977년 판본에 처음으로 그 장이 포함되었다.) 이는 책이 출판된 경우 하이데거가 "도덕적으로 상처받을 것"을 알았고, 어쩌면 두 사람 사이에 최후의 결별을 가져올지도 모를 모험을 굳이 하고 싶지 않았기 때문이었다.[46] 두 사람의 우정은 처음부터 포럼을 통해 함께 "철학하기"를 의미하는 것이었고, 철학적 연합전투를 하기 위한 동지관계를 형성하는 것이었다. 그러나 거의 초창기부터 두 사람의 우정은 어긋나기 시작했다.

20년이 지난 후 야스퍼스는 만남의 초창기부터 하이데거와 "잘못된 불협화음"이 있었음을 인정했다. 1924년에 하이데거는 야스퍼스의 에세이 「대학의 이념」을 두고

"사소한 것 중에서도 가장 사소한 것"이라고 언급했다. 야스퍼스가 이에 대한 해명을 요구하자 하이데거는 그러한 언급 자체를 부인했다. 야스퍼스가 "그렇다면 나에게 이 문제는 존재하지 않았던 일이고, 종결되었네."라고 응답하자 하이데거가 놀라워했다고 야스퍼스는 회고에서 밝힌 바 있다.[47]

아렌트가 그랬던 것처럼, 야스퍼스는 하이데거를 잃기보다는 그의 빤한 거짓말을 받아들이는 편을 택했다. 하나의 경종이 울렸을 때조차도 하이데거를 향한 야스퍼스의 신뢰는 흔들리지 않았다. 1923년, 하이데거는 야스퍼스에게 다음과 같은 편지를 보냈다. "후설이 베를린 대학의 직위에 임명되었다는 사실을 잘 알고 계실 겁니다. 그는 강사보다도 더 못한 행동을 하고 있습니다… 그는 완전히 뒤죽박죽인 사람입니다 ― 그가 한 번이라도 그렇지 않았던 적이 있었나요 ― 최근 들어 그는 점점 더 이상한 사람이 되어가고 있습니다. 이랬다저랬다 하는 일이 많고, 사소한 것들을 발표해서 연민만을 불러일으키고 있습니다. 그는 '현상학의 창시자'라는 목표를 위해 살아가고 있지만, 실제로 그것이 무엇인지는 아무도 모릅니다."[48] 야스퍼스는 막 교제를 시작한 후배 철학자 하이데거와의 우정을 간절히 원했으므로, 너무나 무비판적이게도, 신의를 저버린 하이데거의 이 무례한 행위를 아무런 언급 없이 그대로 덮어버렸다. 10년 후, 하이데거는 후설에게 그랬던 것처럼 야스퍼스를 향해서도 신의를 저버린 행동을 하게 된다.

한편, 1929년 후설의 70번째 생일 기념행사에서 하이데거는 자신의 스승이 새로운 철학과 새로운 사고의 방법론을 창조했고, 서양철학의 관점을 완전히 바꾸어놓았다고 과장된 찬양을 늘어놓았다. 그로부터 4년 후인 1933년, 후설은 학장으로 취임한 하이데거가 서명한 회보를 받았는데, 대학 구내 출입을 금한다는 통보가 담겨 있었다.

야스퍼스는 "내 친구들 중에서 1933년에 나와 의견을 달리했던 유일한 사람이며 나를 배신했던 유일한 사람"이라고 하이데거에 관한 메모를 남겼다.[49] 하이데거와 의견을 달리했지만 야스퍼스는 이 사실을 비밀에 부쳤는데, 하이데거의 (악명 높은) 총장 취임사를 축하하는 1933년 8월 23일 자 편지와 그 이후의 편지들이 이러한 사실을 잘 보여준다.

두 사람의 마지막 만남이 되고 말았던 1933년 6월의 방문에서 야스퍼스는 하이데거에게 자신의 유대인 아내

게르투르트 야스퍼스(Gertrud Jaspers)가 신문 뉴스를 읽은 후 울었다고 고백했다. 이에 대해 하이데거는 "울고 나면 기분이 나아지는 경우가 있죠."라고 대답했고, 1920년부터 장기간에 걸쳐 머무르곤 하던 그 댁 부인에게 합당한 작별인사도 하지 않은 채 떠나버렸다.[50]

"히틀러처럼 교양 없는 사람이 어떻게 독일을 통치할 수 있죠?"라는 야스퍼스의 질문에 하이데거는 진심을 다해 다음과 같이 답변했다. "문화는 중요하지 않습니다. 그의 훌륭한 손만 보세요."

야스퍼스로부터 '악랄한 허튼소리'인 『시온 장로 의정서』(Protocols of the Elders of Zion)*에 관해 전해들은 하이데거는 "그러나 유대인들의 위험한 국제적 동맹이 여전히 존재합니다."[51]라고 응답했다. 그러나 이 모든 일들은 야스퍼스가 하이데거를 집으로 초대하는 데 걸림돌이 되지는 않았다. 야스퍼스는 다음과 같이 편지했다. "(1933년) 8월에 다시 하이델베르크에 올 수 있다면 나는 매우 기

---

* 반유대주의를 대표하는 책으로 1905년경에 출간된 이후 세계 각지로 널리 퍼져 번역되었다. 유대인들이 세계 정복의 야심을 갖고 있고, 이를 달성하기 위해 행동지침서를 작성했다고 주장하는 위서이다. 유대인들이 비유대 국가를 분쟁 속에 몰아넣어 국력을 소모하게 하며, 금융 투자 분야에서 수완을 발휘하여 각국의 경제를 약화시키고 대공황을 초래하게 한다는 등의 항목이 들어 있다.—역주

쁠 것이네… 자네와 이야기를 나누는 게 나에게는 기쁨일세."

더욱이 야스퍼스는 대학 통치를 급진적으로 변경하려는 정부의 '놀라운 조치'를 칭찬했다. 이에 따라 총장은 이전의 대학평의회에 부여된 모든 권리를 가진 대학의 '지도자'가 되었다. 이제 총장은 선출되는 것이 아니라 장관에 의해 임명되었다. 대학평의회는 자문역할을 하게 되었고, 학장은 총장이 임명하였다.

"내 경험으로" 하고 야스퍼스는 편지를 이어갔다. "나는 현재의 대학 구조가 어떻게 작동되는지 알고 있네… 나는 새로운 그 구조가 옳다고 말할 수밖에 없네."

야스퍼스는 대학이 국가사회주의 정부에 완전히 예속되는 것은 올바른 방향으로 가는 첫 번째 단계이며, 몇몇 다른 변화가 더 필요하다고 하이데거에게 제안했다. 야스퍼스는 솔직한 열망을 담아 "이 귀족원칙이 완벽하게 성공하기를 기원하네."라고 편지에서 밝혔다.[52] 야스퍼스는 대학의 겉모습으로 위장한 전체주의 국가의 축소판을 받아들였을 뿐만 아니라 그것을 열렬히 환영하기까지 했다. 그러나 야스퍼스는 유대인 아내 때문에 1933년에 대학 운영에 참여하는 직무에서 배제되었고, 1937년에는 대학 직위를 잃었다. 또한 1937년 이후 야스퍼스의 저서는 독일에서 더 이상 출판될 수 없었다.* 이 모든 일련의 사건들에 대해 하이데거는 침묵으로 일관했다.

아렌트가 그랬던 것처럼, 야스퍼스는 하이데거의 우월성을 흔쾌히 인정했다. 1931년에 야스퍼스는 하이데거에게 다음과 같은 편지를 보냈다. "앞으로 오랫동안 독일 대학의 철학은 자네의 양손에 달려 있게 될 걸세." 야스퍼스는 또한 다음과 같이 인정했다. "내가 살아 있는 동안… 깊은 고통 속에서… 나는 펜과 종이만으로 작업을 할 수 있을 것이네."

야스퍼스가 하이데거에 대해 "내가 성취하지 못한 것을 알고 있는 유일한 동료"라며 겸손하게 인정하고 경의를 보내는 모습은 하이데거가 보기에는 강인함과 믿음이라기보다는 나약함의 표시일 뿐이었다.[53] 하이데거는 야스퍼스가 이 점을 절실히 자각하도록 한 번 이상 언급한 바 있다. 그러나 하이데거는 제2차 세계대전 후 프라이부르크 대학 검증위원회에서 자신을 변호해줄 사람으로 야스퍼스를 지명할 정도로 그를 신뢰하고 있었다. 야스퍼스는 할 수 있는 한 최선을 다해 자신에게 맡겨진 그 일을 수행했다. 즉 야스퍼스는 최대한 모든 사실을 솔

---

* 1939년, 야스퍼스는 파리 국립과학연구센터의 초대를 거절했고 이후 그는 독일을 떠나야만 했다.

직하게 밝히지 않았다.

전쟁 이후 야스퍼스가 하이데거와 주고받은 편지를 보면 뚜렷한 정치적 견해 차이에도 불구하고 그가 얼마나 절실하게 하이데거의 품위와 정직성을 믿고 싶어 했는지 알 수 있다. 1950년 3월 7일, 하이데거는 야스퍼스에게 다음과 같이 편지했다.

"1933년 이후로 제가 선생님 댁을 방문하지 않은 이유는 그곳에 유대인 여성이 살고 있어서가 아니라 '단지 부끄러웠기 때문입니다.'"[54] 야스퍼스는 "솔직한 설명에 대해 충심으로 고맙게 생각하네."라고 답장을 보냈지만, 이후 그는 하이데거의 설명을 '변명'이라고 일갈했다. "자네가 솔직하게 '부끄럽다'고 고백한 것은 나에겐 정말 큰 의미가 있었다네."[55]

하이데거는 야스퍼스에게 보낸 같은 편지에서 다음과 같이 밝혔다. "1930년대 말에… 저는 즉시 선생님의 부인을 떠올렸습니다. 그때 저는 빌저 교수로부터 부인께서 어떤 일도 겪게 되지 않을 거라는 확답을 받았었지요."[율리우스 빌저(Julius Wilser)는 하이데거가 총장으로 재임하던 기간 동안 프라이부르크 대학의 실무책임자였다.] 하이데거는 야스퍼스 부인이 두 번이나 죽을 위험에 처했고 강제추방을 피해 몸을 숨겼던 사실을 모르는 듯했다. 아렌트가 그랬던 것처럼 야스퍼스는 여전히, 그 믿을 수 없음을 믿기로 했다. 1950년에 하이데거는 자신이 사악한 중상모략의 무력한 희생자였음을 아렌트에게 확신시킨 바 있다.

야스퍼스는 자신의 강의와 출판이 금지당할 때 하이데거가 단 한마디 말도 하지 않았던 사실을 잊은 채, 안도하며 다음과 같이 언급했다. "1939년에 염려를 해주고 빌저를 통해 중재해주어서 고마웠네. 자네는 우리를 생각해주었지."

"내가 생각하곤 했던 바를 자네에게 말해줄 테니 나를 용서하게. 자네는 나치의 국가사회당 행사에 참여하면서 마치 꿈꾸는 소년처럼 행동했지. 자신이 무슨 일을 하고 있는지 모른 채 행동하는 소년과도 같았지… 그리고는 곧 부서진 잔해더미 앞에 무력하게 마주서야 했고, 스스로를 더 깊숙이 몰아가도록 내버려두었지."[56] 소년, 꿈꾸기, 무력함, 순진함. 그러나 소년처럼 순진한 꿈을 꾼 사람은 사실상 하이데거가 아니라 야스퍼스였다. 아렌트 역시 남편에게 보낸 편지에서 하이데거를 "무방비의" "무력한" 사람이었다고 묘사한 바 있다.[57]

하이데거의 절친한 두 친구는 하이데거에 관한 가장 내밀한 정보를 세상에 공개하지 않고 숨겼다. 아렌트와 야스퍼스는 윤리와 도덕 같은 주제에 관해 진지하게 천착한 철학자들이지만, 두 사람의 이론은 하이데거에 관한 한 실패한 것이었다.

7

하이데거의 학생인 에드먼드 바움가르텐과 막스 뮐러, 그리고 헤르만 스타우딩거(Hermann Staudinger) 교수의 사례는 철학자나 국가사회당 당원 또는 교육자로서가 아니라, 한 인간으로서 하이데거를 이해하는 것과 연관이 된다. 따라서 이는 아렌트와 하이데거의 관계를 이해하는 데에도 관련이 있을 것이다. 즉 하이데거는 철학이나 정당 관계가 아니라 자신의 원칙과 내적 신념에 의해 일련의 행동을 취했다. 하이데거는 우월한 독일 아리안 인종에게 부여된 정신적 과업을 진심으로 믿었고 히틀러가 『나의 투쟁』에서 명시한 것처럼, 자신의 반대자들이 "어리석음의 죄악 속에서" 낭비한 것을 "회복"하는 일에 착수했다.[58]

자신의 박사과정 학생이자 정식 보조원인 바움가르텐

에 대한 하이데거의 처우는 상대적으로 안심하고 있던 야스퍼스를 결국 경악하게 만들었다. 1934년 또는 1935년에, 독일의 사회학자이자 정치경제학자인 막스 베버(Max Weber)의 미망인 마리안네 베버(Marianne Weber)는 야스퍼스에게 비밀 보고서 사본 하나를 보냈다. 그 보고서는 1933년에 하이데거가 괴팅겐에 있던 국가사회주의대학교수연맹 앞으로 보낸 것으로, 바움가르텐의 승진을 막기 위해 작성한 것이었다. 그 내용은 다음과 같다.

"(바움가르텐은) 적어도 이곳 프라이부르크 대학에서는 국가사회주의자가 전혀 아닙니다. 가족 관계나 정신적 성향으로 보아 그는 막스 베버 휘하에 있는, 자유 민주주의 경향의 하이델베르크 지식인 그룹의 계승자입니다. 저에게서 낙제한 후에 바움가르텐은 유대인 프렌켈과 매우 가까워졌습니다. 유대인 프렌켈은 괴팅겐에서 고용된 적이 있지만 지금은 이 대학에서 해고된 상태입니다."[59]

에드워드 프렌켈(Eduard Fraenkel)은 1933년 여름학기까지 프라이부르크 대학 고전철학 교수로 재직했고, 1935년 이후 옥스퍼드 대학 교수로서 영국에서 망명생활을 했다. 하이데거의 보고서를 읽은 후 야스퍼스가 받은 엄청난 충격은 그가 프라이부르크 대학 검증위원회의 요청으로 1945년에 작성한 진술서에 잘 나타나 있다. 야스퍼스가 그 부끄러운 서류를 갖고 있다는 사실은 알지 못한 채 옛 우정에 의지한 하이데거는 자신의 반유대주의 혐의를 해명하기 위해 야스퍼스를 지명했다.

야스퍼스는 1929년에 하이데거가 쓴 "유대인화"에 관한 편지와 유대인 의대생의 숫자가 너무 많다고 공개적으로 언짢아한 사실은 모른 채 "1920년대에 하이데거는 반유대주의자가 아니었다."라며 진술을 시작했다. "전혀 불필요했던 '유대인 프렌켈'이라는 단어는 하이데거가 1933년에 적어도 몇몇 경우에 반유대주의자가 되었다는 것을 입증한다."[60]

야스퍼스는 또한 하이데거와 다수의 다른 교수들이 독일 국가사회주의 운동의 정신적 지도자가 되려 했다고 진술했다. 명성에 있어서나 아돌프 히틀러의 선두적인 이론적 지도자가 되려는 열망에 있어서나 전혀 비교가 되지 않는 "다른 교수들"과 하이데거를 똑같이 언급함으로써, 야스퍼스는 하이데거의 거대한 야심뿐만 아니라 나치 이념을 향한 그의 복종을 최소화하려고 노력했던 것으로 보인다.

1946년 이후 막스 뮐러는 프라이부르크 대학의 철학 교수가 되었고, 그 자신의 말을 빌리자면 하이데거가 "가장 좋아하는 제자들" 중 한 사람이었다.[61] 1937년에 그는 가톨릭 학생 단체와 관련된 사실 때문에 독일 당국자들로부터 맹렬한 비난을 받았다. 대학 부총장 테오도르 마운츠(Theodor Maunz)는 뮐러에게 다음과 같은 사실을 경고했다. 즉 하이데거가 뮐러의 정치적 신념에 관해 의견을 제출하도록 요청받았고, 학자나 교육자로서는 뮐러를 칭찬했지만 나치 독일에 대해 부정적인 태도를 지녔다고 뮐러를 비판했다는 것이었다. 마운츠는 대학 직위를 얻을 기회에 악영향을 끼칠 그 한 구절을 삭제해줄 것을 하이데거에게 요청하라고 뮐러에게 권고했다. 그러나 하이데거는 뮐러의 요청을 거절했다. 하이데거는 그 절박한 젊은 학자에게, 비록 말끔하게 "포장"하기는 했지만 자신은 "진실에 상응하는 유일한 답변"을 썼다고 말했다.

뮐러는 스승에게 다시 재고해줄 것과 유죄를 나타내는 그 문장을 삭제해달라고 간청했다. 하이데거는 냉소를 담아 다음과 같이 대답했다. "가톨릭 신자로서 자네는 사람이 진실을 말해야 한다는 걸 알 것이네. 그래서 나는 그 문장을 삭제할 수 없네… 내가 할 수 있는 일은 아무것도 없네. 나를 원망하지 말게." "내가 했던 마지막 말은" 하고 뮐러는 회상했다. "중요한 건 내가 원망을 하는 일이 아닙니다. 나의 존재 자체가 그 문장에 달려 있다는 사실이 중요합니다." 이후 뮐러는 베를린 대학으로부터 "이념적이고 정치적인 이유" 때문에 임용될 수 없다는 통보를 받게 된다.[62]

헤르만 스타우딩거는 1953년에 노벨화학상을 수상했고, 제1차 세계대전 기간 동안 스위스 취리히 대학의 교수를 지냈다. 평화주의자이자 반민족주의자였던 그는 1920년에 스위스 시민권을 취득했으나 독일 시민권도 유지하고 있었다. 스타우딩거에 관한 일체의 서류는 취리히의 독일 총영사관에 보관되어 있었다. 그 서류에는 화학전에 필수적인 물자 생산에 관한 사항을 적대국에 알려주었다는 혐의가 포함되어 있었다. 휴고 오트에 의하면 1933년 7월에 하이데거는 스타우딩거에 관한 정보를 수집하기 위해 물리학과 강사인 알폰스 뷜(Alfons Buehl) 박사를 취리히에 파견했고, 곧이어 프라이부르크 대학의 화학과 교수 한 명을 보냈다. 스위스 주재 독일대사인 에른스트 폰 바이첵커(Ernst Freiherr von Weizsaecker)는 1933년 크리스마스 무렵에 스타우딩거에 관해 요청받은 서류를 독일외무부로 보냈다.

1934년 2월, 문화부와 게슈타포가 스타우딩거의 정보와 관련하여 하이데거 총장에게 도움을 청했다. 하이데거로서는 자신이 주도하여 이미 스타우딩거에 관한 서류를 갖고 있었고, 그래서 단 나흘 만에 요청받은 보고서를 작성할 수 있었다. 중요한 점은, 1945년에 작성된 하이데거의 진술 녹취록에 의하면, 그가 총장직을 사임하겠다고 결심한 '이후'인 1934년 1월에 그 보고서가 작성되었다는 사실이다. 보고서에서 하이데거는 전쟁 중에 독일의 적대국에 협력했다는 스타우딩거의 혐의를 되풀이해서 기술했고, "조국이 엄청난 위기에 직면했던 1917년 1월에 스타우딩거는 스위스 시민권을 신청했다."고 지적했다. 하이데거의 견해에서 볼 때 스타우딩거의 가장 큰 죄는 "독일의 국가적 경향에 대해 강력히 반대하고, 조국을 수호하기 위해 절대로 무기를 들지 않겠다는 반복적인 선언"을 공개적으로 천명했다는 점이었다. 하이데거는 "정년보다는 해고"를 권고했다.(아이러니컬하게도 스타우딩거에 대해 "독일 대학생들의 교육자"로서 자격이 없다고 한 문화부의 평결은 제2차 세계대전 이후 하이데거에게 내려진 평결과 같은 것이었다.) 그러나 전 세계적인 반향을 두려워한 독일 당국은 하이데거의 권고를 따르지 않았고, 그 유명한 화학자는 대학 직위를 유지할 수 있었다.[63]

하이데거가 스타우딩거의 과거에 대해 자발적으로 조사를 실시한 동기는 무엇이었을까? 자신은 나치당의 간

섭으로부터 대학을 보호하고 "대학의 이익을 위해" 총장직을 마지못해 수락했으며, 나치당에 입당한 것도(그의 주장에 의하면 입당을 "명령"받았다.) 같은 이유였다는 하이데거의 끈질긴 항변을 고려해본다면, 그의 자발적인 조사는 불가해한 일로 여겨지며, 진실성을 의심하게 한다.[64]

헤르만 스타우딩거는 프라이부르크 대학에서 가장 저명한 학자 중 한 사람이었다. 그는 가톨릭교도가 아니었고 자유주의자나 사회민주주의자도 아니었으며, 유대인도 아니었다. 스타우딩거는 평화주의자이자 반민족주의자였다. 하이데거는 이러한 정서를 표명하는 독일인에 대해 혐오감을 가졌고, 그런 사람은 엄벌을 받아 마땅하다는 생각과 함께 화학 실험실에서조차 학생들에게 접근해서는 안 된다고 믿었던 게 분명해 보인다. 휴고 오트는 만약 '스타우딩거 사건'이 1945년 이후 '하이데거 사건'이 계류 중일 때 알려졌더라면 "하이데거는 명예회복이 이루어질 기회가 전혀 없었을 것"[65]이라고 주장했다.

바움가르텐은 자유주의자 지식인들과 유대인 교수 프렌켈과의 연관성 때문에 하이데거가 정치적으로 신뢰할 수 없는 사람이었다. 게다가 바움가르텐은 위스콘신 대학에서 강의한 바 있으며 교수자격 논문으로 존 듀이

(John Dewey)를 다루는 등 미국의 실용주의와 물질주의에 오염된 사람이었다. 하이데거의 관점에서 봤을 때, 뮐러는 나치정권의 적인 가톨릭교도였기 때문에 독일 젊은이들을 교육시키기에 적합하지 않았다. 스타우딩거의 경우 그는 민족주의와 독일 전사들을 향한 하이데거의 숭배의식을 모욕한 것이었다.

8

 엘프리데 하이데거는 초창기부터 독일 국가사회주의
의 열렬한 지지자였다. 그녀는 국가사회당이 특히 청년
들을 포함하여 국가 전체를 단단히 장악하는 데 도움을
주고자 한 남편의 노력을 전폭적으로 지지했다. 하이데
거 부부는 오직 "변혁"(Umwaelzung은 히틀러가 좋아하는 표현
으로 하이데거가 자주 사용한 용어이다.)만이 독일을 "재활성
화"시킬 수 있고, 세계 속에서 정치적·정신적 지도력을
회복할 수 있다는 믿음으로 결속되어 있었다. 부부가 공
유한 믿음은 두 사람의 결속력을 더욱 공고히 했지만 아
렌트는 이러한 사실을 전혀 인정하려 하지 않았다. 아렌
트는 두 사람의 결혼을 "엘리트 무리의 전형적인 경우"
라고 지적한 바 있으나, 아마도 엘프리데는 하이데거에
게 이상적인 아내였을 것이다.[66]

두 사람이 결혼했을 때 젊은 강사였던 하이데거는 돈도 없었고 안정된 직장도 없었다. 또한 앞으로 명성을 얻게 될 것이라는 그 어떠한 조짐도 보이지 않았다. 엘프리데는 하이데거가 인생에서 가장 중요한 두 사건을 겪는 동안 변함없이 하이데거의 곁을 지켰다. 즉 가톨릭 성당과 절연하고, 독일 패전으로 인해 대학 직위와 함께 사회적 위치와 명성이 잠시나마 박탈당했던 시기에 그러했다.

아렌트를 포함한 하이데거의 옹호자들은 엘프리데의 사악한 집착이 낳은 무력한 희생자로 하이데거를 묘사하려고 애썼다. 또한 엘프리데야말로 하이데거를 나치당에 가입시키고, 그의 인생을 파괴했으며, 그가 겪은 모든 불행의 원인이 된 어둠의 세력이라고 설명하고자 했다. 하이데거 자신이 내린 결정에 그 책임을 묻지 않고 무죄를 선언하는 건 쉬운 방법이었다. 그러나 그것은 진실이 아니었다. 하이데거가 어떤 사람이든 간에, 그는 아내를 비롯하여 다른 누군가에 의해 조종당하는 꼭두각시가 될 사람은 결코 아니었다.

하이데거는 여학생들의 교육자로서 아내가 성취한 업적에 대해 대단한 자부심을 갖고 있었다. 그는 엘리자베스 브로흐만에게 아내의 활동과 공헌에 대해 되풀이해서 알려주었다. 브로흐만은 양친 중 한 사람이 유대인인 하이데거의 친구였고, 독일에서 직장을 잃은 후에는 옥스퍼드 대학에서 독일어를 가르쳤다.

1937년에 하이데거는 "엘프리데는 아주 잘 있어요."라고 브로흐만에게 편지했다. "엘프리데는 함께 일하는 유쾌한 여학생들에 둘러싸여 있어요."[67]

하이데거 부인은 여성이 모든 방면에서 동등한 교육 기회를 갖도록 하기 위해 애썼고, 이는 여성을 "대중의 동지"라고 했던 히틀러의 가르침과 여성관을 환기시킨다. 엘프리데는 아리안 인종의 순수함을 보존하고, 그것을 유대인과 공산주의자들이 행사하는 파괴적인 영향력으로부터 방어하는 일이 중요하다고 거듭 강조했다. 하이데거가 주장했던 바대로 엘프리데는 1934년 남편의 총장 사임 이후 나치당 활동을 그만둔 것이 아니었다. 부부는 나치당 활동에 관해 의견의 불일치를 겪은 바도 없었고, 아내의 일에 대한 하이데거의 존경심이 사그라진 적도 없었다. 엘프리데는 여성의 권리에 대한 가르침을 계속했지만 결국 그녀 휘하에 있던 여성 노동자들은 참호를 파는 일까지 하게 되었다. 엘프리데는 자신의 지휘하에 있던 여성 노동자들을 "상상할 수 있는 가장 나쁜 방법으로 잔인하게 다루었다." 1944년의 혹독했던 겨울에 엘프리데는 아프거나 임신한 여성을 작업에서 제외시

키는 것조차 거부했다.[68]

엘프리데는 남편과 함께 종종 공식적인 여행길에 나섰다. 1933년 9월, 그녀는 하이데거와 함께 베를린을 방문했다. 엘리자베스 브로흐만은 "이 중요한 시기에 엘프리데가 당신과 함께 있다니 정말 훌륭해요."라고 편지에 썼다.[69] 1936년, 하이데거 부부는 로마로 함께 여행했고, 하이데거는 이탈리아계 독일인 문화회관에서 강연을 했다. 그곳에서 하이데거는 옛 제자인 칼 뢰비트(Karl Loewith)를 은밀히 만났다. "부인은 딱딱하면서도 친절한 신중함이 뒤섞인 채 나를 맞이했다."고 뢰비트는 회고했다—뢰비트는 하이데거의 어린 아들들을 돌봐주곤 했고, 그래서 엘프리데는 그를 잘 알고 있었다. 하이데거는 즉시 "그녀가 독일의 상황과 이에 대한 하이데거의 태도를 암시하지 못하도록 유도했다."[70] 비록 나치당의 십자표시 배지(卍)가 양복 깃에 버젓이 장식되어 있었지만, 하이데거는 나치당을 향한 엘프리데의 들뜬 기쁨이 뢰비트에게 알려지는 것에 신중했던 것으로 보인다. 뢰비트는 양친 중 한 사람이 유대인이라는 이유로 독일을 떠나 망명객이 되어 있었다.

엘프리데는 프러시아 군인 집안 출신이었기 때문에 정치 영역과 권위 등에 관심이 많았고, 점점 더 남편의 삶에서 중요한 역할을 맡게 되었다. 주변 친구들과 동료들과 학생들이 해고되거나 망명을 떠났거나 퇴직당했거나 배척됨에 따라 하이데거는 그 어느 때보다도 아내가 필요했다. 엘프리데의 마음속에서도 하이데거는 가장 중요한 사람이었다. 두 사람이 더 젊고, 돈이 부족하며 미래가 불투명하던 시절, 엘프리데는 하이데거가 사유할 수 있는 공간을 갖고 자연과 더 가까이 있을 수 있도록 토트나우베르크에 통나무집을 마련해주었다. 이것은 철학자 하이데거에게는 필수적인 환경이었다. 나치정권의 정책이 항상 편안하게 여겨지지만은 않았던 하이데거는 이제 아내에게 의지할 수 있었다. 엘프리데는 의심이나 양심의 가책 없이 아돌프 히틀러에 대해 흔들림 없는 믿음을 가졌으며, 부부가 올바른 길을 가고 있다는 확신을 갖고 남편을 지지했다.

엘프리데 하이데거는 독립 정신과 엄청난 활력과 상당한 내적 자산을 갖춘 여성이었다. 그녀는 남편을 우상화하지도 않았고 과소평가하지도 않았다. 엘프리데는 남편을 존경했고, 마찬가지로 자신도 존경받길 원했다. 두 아들이 소련에 전쟁포로로 잡혀 있고 하이데거가 도덕적으로 지탄을 받던 제2차 세계대전 직후의 몇 년 동안에도 그녀는 정신적 강인함을 보여주었다. 엘프리데는 프랑스 군 당국에 의해(그들은 하이데거를 전형적인 나치당원으로 분류했다.) 압류된 집과 하이데거의 도서관을 되찾기 위해 맹렬히 싸웠다. 하이데거가 작업을 계속할 수 있도록 하기 위해서였다.[71]

1945년, 하이데거가 프라이부르크 대학 총장에게 제출한 나치전력에 관한 진술서는 당시 허약했던 하이데거의 정신 상태로 미루어 보아 엘프리데와 공동집필했을 가능성이 있다. 그 서류에는 그녀가 집을 되찾기 위해 사용했던 다음과 같은 주장들이 반복되어 나타난다. 즉 하이데거는 1933년 이후 나치즘의 신조를 버렸고 철학과 강의에만 전적으로 몰두했다는 것, 그의 책 출간과 외국여행에 금지조치가 내려졌다는 것, 그는 비정치적이고 탈세속적이며 무해한 학자였다는 것, 결국 그는 대학을 구하려는 가치 있는 목표를 추구하다가 나치 탄압의 표적이 되었다는 것 등이었다.

하이데거의 친구들이 프랑스와 바티칸에 개입하여 두 아들에 관한 정보를 얻으려 할 때 그들의 도움을 거절한 이도 바로 엘프리데였다. 하이데거는 엘프리데가 눈치채지 못하도록 하면서 친구들에게 도움을 청했다.* 결국

---

* 휴고 오트가 친절하게 이 정보를 알려주었다. 오트의 *Martin Heidegger, Unterwegs zu seiner Biographie* 158쪽 참조.

그들의 집을 돌려받고, 평소처럼 관리하여 토트나우베르크의 서재와 통나무집을 다시 복구한 사람은 엘프리데였다. 그녀는 하이데거가 강하다는 것과 종국에는 모든 걸 참고 견딜 것이라는 걸 알고 있었다. 판단과 신념에 관한 한 하이데거가 세월이 흘러도 자신의 믿음에 의존할 것임을 엘프리데는 잘 알고 있었다. 엘프리데가 보기에 일시적인 좌절은 독일민족에 대한 하이데거의 근본적인 믿음을 약화시키지 않았다. 즉 독일민족은 대대로 전승해온 가치를 아무것도 잃어버리지 않았으며 어두운 시련이 얼마나 오래 지속되든지 간에 그 가치는 유지될 것이었다.

하이데거는 사적인 삶이나 공적인 삶에서 결코 아내를 과소평가하지 않았다. 1950년, 하이데거는 아렌트와의 연애에서 유일한 회한이 있다면 아내에게 즉시 그 사실을 말하지 않고 아내를 속였다는 점이라고 아렌트에게 토로했다. 만약 자신이 그렇게 했더라면 아내는 자신의 행복을 위해 상황을 이해하고 받아들였을 거라는 것이었다. 하이데거에게 고독이 필요하다는 것을(혹은 동반자가, 이 경우 그러했을 것처럼) 엘프리데가 이해했고, 그를 홀로 내버려둔 채 일상의 모든 짐과 아이들 양육을 기꺼이 떠맡았던 점은 하이데거를 감동시켰다.

엘프리데는 지적 야망이 없었고, 야망이 있는 것처럼 행세하지도 않았다. 하지만 그녀는 남편과 자신의 정신이 다르다는 것을 이해할 만큼 충분히 지적이었고, 하이데거 역시 이 점을 알고 있었다. 하이데거는 친구들과 가족들, 특히 하이데거가 가장 좋아하는 형제인 프리츠를 만나기 위해 고향 메스키르히를 방문할 때 엘프리데가 동행하지 않는 것을 이해하려고 애썼다. 하이데거는 이처럼 두 집안이 소원하게 된 이유가 엘프리데는 상류층 출신인 데 비해 자신의 배경은 변변치 못하기 때문이라고 여겼던 것 같다.

1950년이 될 때까지 아렌트는 엘프리데 하이데거에 대해 아는 바가 없었다. 또한 그녀는 부부의 삶이나 아내를 대하는 하이데거의 태도에 대해서도 전혀 몰랐다. 하이데거가 아렌트와 이러한 주제로 이야기를 나누지 않았던 것이다. 하이데거가 자신을 사랑했기 때문에 아렌트는 그의 결혼 생활이 불행하다고 생각했을 것이다. 한 남자의 삶에서 아내와 애인이 다르다는 것을 이해하기에 아렌트는 너무 어렸다. 하이데거가 자신은 아내를 사랑하며 또한 아내가 필요하다고 분명히 밝혔음에도 불구하고, 엘프리데에 대해 피상적으로나마 알게 되었을 때 아렌트는 그녀에 대해 점점 더 나쁜 견해를 갖게 되었다.

자연스럽게도 두 여성은 서로를 질투하게 되었다. 하이데거는 적어도 표면적으로는 아내와 옛 정부가 서로 친한 친구가 되기를 바랐다. 하지만 실제로는 동시에 두 여성의 관심 대상이 되는 것을 즐겼던 것으로 보인다. 어찌되었든 아렌트는 자신이 하이데거의 삶에 있어서 '유일한' 여성이었다고 믿어 의심치 않았다.

전쟁이 끝날 무렵, 하이데거는 메스키르히에 있었다. 그는 프라이부르크가 폭격 당하자 자전거를 타고 달아났다가 독일 국민방위군 국민돌격대(volkssturm)가 마법처럼 결성된 이후 도시로 되돌아왔다. 하이데거는 프라이부르크 총장에게 제출한 진술서에서 자신을 징집한 것은 나치당이 행한 마지막 박해 행위였다고 주장했다. 그러나 당시 무기를 들 수 있는 16세부터 60세 사이의 모든 남성은(그는 55세였다.) 히틀러의 제3제국을 구하기 위한 최후 노력의 일환으로 모두 국민돌격대에 동원되었다.

1945년 6월, 작센 마이닝겐(Bernhard von Sachsen-Meiningen) 왕자와 그의 아내인 마고트(Margot)는 피아노 콘서트와 하이데거 교수의 강연에 가까운 몇몇 친구를 초대했다. 이 강연은 1950년에 강의 금지 조치가 해제되기 이전에 하이데거가 거의 마지막으로 행한(1949년에 브

레멘에서 수차례 강연한 바 있다.) 반공식적인 행보였다.[72]

하이데거는 아내의 도움을 받아 나치 독일 치하의 12년간의 기록을 변호하고 정당화하려는 것이 아니었다. 그보다는 그 기간 동안의 자신의 삶을 재해석하고 재기록하며, 재창조하려고 혼신의 힘을 다했다. 자신에게 부과된 혐의를 스스로 생각하는 진실로 바꾸기 위해 하이데거 부부는 함께 노력했다. 즉 하이데거를 나치정권의 반대자, 공산주의에 항거한 투사, 서구 문명의 구원자, 정신적 저항의 지도자 등의 모습으로 묘사하려고 애썼다. 하이데거가 처음에는 패전국의 패자들에 의해, 그리고 이후에는 정복자들에 의해 희생당했다는 것을 전 세계 철학계가 믿도록 하는 일은 실로 엄청난 작업이었다.

하이데거는 자신의 과거를 변형시키기를 원했을 뿐만 아니라, 나치당으로부터 자신이 겪었다고 주장하는 고통에 대해 칭찬받고, 존경받고, 인정받기를 원했다. 프라이부르크 대학 검증위원회에서 열린 청문회와 그가 제출한 진술서는 하이데거의 기록을 다음과 같이 바로잡기 위해 고안된 것이었다. 그렇다, 나치정권 초기에 그들을 지지한 건 사실이지만 그것은 서구 세계가 공산주의로부터 위협받고 있었기 때문이었다. 그렇다, 히틀러가 전 국민의 부흥을 위해 앞장섰다고 믿었고, 이러한 믿음은 잘못이다. 그렇다, 사회주의와 민족주의 원칙을 수용했는데—그러나 국가사회주의를 수용한 건 아니다—그것은 사회주의와 민족주의가 생물학적 인종차별주의 이론과 본질적으로 연관되어 있지 않다고 생각했기 때문이다. 아니다, "그 내용에 반대"했기 때문에 『나의 투쟁』을 정독해서 읽은 적이 없다. 그렇다, 후설의 장례식에 참석하지 못했지만 그것은 병이 나서 침대에 누워 있었기 때문이다.[73]

하이데거 자신의 저항으로 인하여—"저항"과 "정신적 저항"은 진술서 전반에 걸쳐 자주 등장한다—그는 학술대회와 외국 강연 참석을 금지당하는 처분을 받았다.(그러나 하이데거는 1936년에는 로마에, 1935년부터 1936년까지는 취리히에 있었다. 휴고 오트에 의하면 하이데거는 1942년에 스페인, 포르투갈, 이탈리아로부터 초대를 받았으며 이를 공식적으로 승인하고 허락했다. 하지만 하이데거의 일정이 맞지 않아 방문이 실현되지 못했다.) 출판 또한 금지당했다.(『존재와 시간』은 1936년과 1942년에 재발간되었다.) 그리고 스파이들에게 "지속적으로 감시당했다"—하이데거는 전쟁 중에 사망한 한 학생의 이름을 댔고, 그 학생이 하이데거에게 자신이 밀고자라고 고백했노라고 말했다.[74] 하이데거는 1934년부터 1944년 사이에 자신에게 위험이 초래되는 것도 마다하지 않고 서구의 정신적 가치를 불어넣음으로써 "젊은 남성들과 (너무나 많은) 젊은 여성들"의 교육에 공헌했다고 강조했다.

하이데거가 작성한 진술서의 마지막 부분은 다음과 같았다. "후설이 세상을 떠났을 때 나는 병으로 침대에 누워 있었다. 회복된 후에 내가 후설 부인에게 편지를 하지 않은 것은 인정하는 바이며, 그것은 의심할 여지없는 내 잘못이다. 그 이면에 가려진 이유는, 당시에 유대인들에게 일어났던 일에 대한 고통스러운 부끄러움 때문이었고… 그래서 사람은(독일어로 'man'은 비인칭대명사로, 여기에서는 인칭대명사인 '나'를 피하기 위해 사용되었다.) 그것에 직면하여 무기력해졌다."[75]

하이데거의 「그의 생애를 위한 변호」*는 행간 여백 없이 6페이지에 걸쳐 펼쳐지는 한 편의 걸작이다. 하이데거는 스스로를 희생자로 묘사함으로써 나치에게 죽임당한 수백만 사람들 속에 자신을 포함시켰다. 그는 항상 대중이 원하는 분위기에 부응했다. 나치당에 당원으로

---

* 1864년 존 헨리 뉴먼이 집필한 산문 『그의 생애를 위한 변호』(apologia pro vita sua)는 영국교회를 버리고 가톨릭 교회로 개종한 뉴먼이 자신에게 쏟아지는 비난과 공격을 방어하고 변호하기 위해 집필되었다. 자기 행동의 타당성을 차분하고 논리적이며 설득력 있게 진술한 명문으로 알려져 있다.-역주

가입했고, 이후에는 나치와 연합군의 희생자 행세를 했던 것이다. 어떤 경우에건 하이데거는 의기양양했고 뉘우치지 않았으며, 또한 완강했고 후회하는 법이 없었다. 그는 아무것도 철회하거나 취소하지 않았다. 그리고 단한 번도 공개적으로(한나 아렌트와 칼 야스퍼스에게 그랬듯이, 사적으로도) 나치의 만행에 대해 비난하지 않았다. 야스퍼스에 의하면 하이데거는 이전과 전혀 변하지 않았는데 왜냐하면 ―"나의 정신적인 적"― 인간으로서 실패했다는 사실의 깊은 의미를 그는 이해할 수 없었기 때문이다.[76]

오랫동안 지속된 탈나치화 과정은 하이데거에게 심각한 타격을 주었다. 1946년 봄, 신체적이나 정신적으로 건강이 악화된 그는 요양원에서 치료를 받았다. 절망에 빠진 하이데거는 가톨릭 신학자를 꿈꾸던 열네 살 시절의 자신을 보살펴주었던 대주교 콘라트 그뢰버(Conrad Groeber)에게 도움을 청했다. 그뢰버는 교황 비오 12세(Pius XII)의 독일 정책 보좌관에게 다음과 같이 편지했다. "하이데거에게 불행이 시작되었을 때 그가 내게로 와서 진심으로 교화된 태도로 행동했다는 것에 매우 안심하였습니다. 저는 하이데거에게 모든 진실을 말했고, 하이데거는 눈물을 흘리며 그것을 받아들였습니다. 저는 하이데거와 관계를 끊지 않을 것입니다. 왜냐하면 저는 그의 정신적 변화를 바라고 있기 때문입니다."[77]

　대주교의 희망은 결국 실현되지 못했다.

9

한나 아렌트가 자신의 출판물에서 하이데거의 이름을 처음 언급한 것은 1946년 『파르티잔 리뷰』에 실린 「실존 철학이란 무엇인가?」라는 글에서였다. 그 글의 각주에서 * 아렌트는 하이데거가 "(하이데거의) 스승이자 친구이며, 교수가 되기 위해 강의직을 물려받았던 후설을 단지 유대인이라는 이유로 출입 금지시켰다."[78]고 논평했다. 아렌트와 정기적으로 편지를 주고받았던 칼 야스퍼스는 이러한 의견에 반대했다. "하이데거에 관한 그 언급은 사실 정확하지 않아요."[79]

---

* 같은 각주 내에서 아렌트는 하이데거를 "지나간(우리가 희망하는) 낭만주의자"라고 지칭했다. 이 인용문구는 실제로 문맥에서 의미하는 바와는 달리, 아렌트가 하이데거를 향해 냉소가 아니라 향수를 드러냈다고 오해받곤 했다.

아렌트가 언급한 그 회보는 각 대학 총장들이 정부의 명령에 의해 해고된 교수들에게 보내야 했을 것이라고 야스퍼스는 설명했다. 아렌트는 그런 회보에 사인을 하느니 차라리 총장직을 사임했어야 했다고 답장했다. "왜냐하면 제가 아는 한, … 이 회보와 (하이데거의) 사인이 그를(후설을) 거의 죽인 거나 다름없고, 그래서 전 하이데거를 잠재적 살인자로 간주할 수밖에 없어요."라고 아렌트는 썼다. 아렌트는 하이데거가 여러 인터뷰에서 자신의 나치 협력 사실과 프랑스 철학자들에게 끼쳤던 영향력에 대해 언급했던 사실을 잘 알고 있었다. "그것은 확실히 병적인 면을 지닌 어리석은 거짓말에 불과해 보여요. 그러나 그건 이제 옛이야기죠."[80] 하고 아렌트는 자신의 개인적 경험을 분명히 암시하면서 덧붙였다. 1949년, 아렌트는 야스퍼스에게 보낸 편지에서 다음과 같이 썼다.

하이데거… 야스퍼스 선생님은 그가 순수하지 않다고 하셨지만, 저는 인격이 부족한 사람이라고 부르겠어요. 그러나 그가 인격을 전혀 갖고 있지 않다는 의미에서 본다면, 그렇게 부르는 것이 특별히 나쁜 일도 아니겠지요… 휴머니즘에 관한 편지를 읽었어요.* 역시 의심스럽기 짝이 없고 여기저기 지나치게 애매하지만, 자신의 옛 규범에 관해 하이데거가 처음으로 쓴 글인 셈이에요.(저는 이곳에서 횔덜린에 관한 저작과, 니체에 관한 완전히 끔찍하고 수다스러운 강연을 읽었어요.) 토트나우베르크 시절에 집필한 삶과 문명에 대한 맹렬한 비난, 그리고 존재(Sein을 Seyn으로 표기한 것)에 대한 글은 사실 일종의 쥐구멍 속으로 후퇴하는 것과도 같아요. 하이데거로서는 그곳에서 자신을 향한 존경으로 가득찬 순례자들만 볼 수 있다는 훌륭한 이유가 있었겠지요. 그 누구도 소란을 피우기 위해 해발 1200미터를 오르지는 않을 거예요. 그리고 만약 누군가 그렇게 했다면 하이데거는 새빨간 거짓말을 할 것이고, 어느 누구도 자신을 면전에서 거짓말쟁이라고 부르지 않게 해달라고 신께 바라겠지요. 확실히 하이데거는 이 책략을 이용해서 전 세계를 가장 싼 값에 매수할 수 있고, 자신을 곤란하게 하는 모든 일을 속여 넘기며, 그리고는 오직 철학만을 할 수 있다고 믿었던 것 같아요.[81]

* 마틴 하이데거, 「휴머니즘에 관한 편지」, 장 보프레에게 보낸 편지, 베른, 1947년.

1951년 3월, 아렌트는 하이데거에 관해 야스퍼스에게
또 다른 편지를 썼다. 그 편지에서 아렌트는 전쟁기간 동
안 하이데거가 했던 행동을 정당화하려고 애썼고, 다소
사과하는 투로 다음과 같이 덧붙였다. "아시겠죠. 저는
양심에 부끄러움을 느껴요."[82] 일 년 전인 1950년 2월,
아렌트는 프라이부르크에서 하이데거를 만난 바 있다.

유럽 유대인문화재건위원회(Commission on Jewish Cultural
Reconstruction)는 1940년대 중반 저명한 미국 유대계 학자
들의 후원하에 설립되었다. 독일에 도용당한 히브리어
및 문학(Hebraica)과 유대인 문화유산(Judaica)을 복구하기
위해서였다. 독일은 전 세계를 향해 체면을 차리기 위해
탈취한 소장품들이 "버려진" 것이었다고 완곡하게 언급
했다. 아렌트는 처음에는 조사위원장으로 그리고 나중에
는 위원장으로 위원회에서 일했고, 1949년 말에 남아 있
는 유대 문화재를 점검하기 위해 유럽 각국과 독일을 자
주 방문했다. 거숌 숄렘(Gershom Scholem)은 체코슬로바키
아에서 같은 작업에 임했다.

12월에 아렌트는 오랫동안 재회를 기다려왔던 야스퍼
스 부부를 스웨덴의 바젤에서 만났다. 남편에게 보낸 편
지에서 그녀는 야스퍼스가 "하이데거와 주고받았던 편
지들을 보여주었다."고 썼다. 그 답례로 아렌트는 젊은

시절에 하이데거와 있었던 연애관계에 대해 고백했다. 이에 대해 야스퍼스는 "오, 이 얼마나 흥미로운 일인가!" 라고 반응했다. 아렌트는 야스퍼스가 "타의 추종을 불허한다."고 언급했다. 아렌트는 66세의 전통적인 철학자가 지닌 개방성에 깊은 인상을 받은 듯했다.[83]

하이데거와 그의 철학, 그리고 1933년 이후의 하이데거의 삶은 "가장 절친한 친구"인 두 사람의 마음속에 깊이 자리 잡고 있었고, 그래서 아렌트의 방문기간 동안 두 사람은 우회적으로나마 하이데거에 관해 이야기를 나누곤 했다. 두 사람 모두 나치 이념을 지지한 하이데거에 대해 악감정에 가까운 의구심을 갖고 있었고, 자신들의 삶에 하이데거가 남긴 정서적 대혼란에 대해서도 여전히 매듭을 풀지 못하고 있었다.

"내가 하이데거를 만나게 될지 아직은 잘 모르겠어요."라고 1950년 1월 3일에 아렌트는 블뤼허에게 편지했다. "나는 우연에 맡기려고 해요." 그녀는 자신의 생각을 소리 내어 말하듯 편지를 이어갔다. "야스퍼스가 내게 읽으라고 준 하이데거의 편지들은 예전과 똑같았어요. 진실과 거짓말 혹은 비겁함의 똑같은 메들리… 야스퍼스를 방문한 이후 나는 하이데거를 만나려는 열망에서 더욱 멀어지게 되었어요."[84]

이틀 후 아렌트는 블뤼허에게 프라이부르크에 갈 것임을 알렸고—"난 반드시"—그것은 아마도 업무상이었던 같다. 그녀는 "그 신사를 만나고 싶은 생각은 조금도 없어요."[85]라고 언급했다. 그러나 아렌트는 하이데거의 주소를 알아내기 위해 하이데거의 동료이자 그녀의 학우였던 로망어 학자 휴고 프리드리히(Hugo Friedrich)에게 연락을 취했다.

1950년 2월 7일, 프라이부르크에 도착한 아렌트는 호텔 이름과 함께 자신을 만나러 와달라는 쪽지를 하이데거에게 보냈다. 저녁 6시 30분에 하이데거는 그녀에게 답장을 전하기 위해 직접 호텔을 방문했다. 하이데거의 집에 전화가 없었고, 우체국 겸 전화국은 이미 업무를 마쳤기 때문이었다.

2월 9일, 아렌트는 하이데거에게 다음과 같이 편지했다. "그날 밤, 그리고 다음 날 아침에 저는 전 생애를 확인했어요. 사실은 제가 한 번도 기대하지 못했던 확인이었지요."

"웨이터가 당신의 이름을 알려주었을 때(당신의 편지를 못 받았기 때문에 저는 당신이 올 거라고는 정말 예상치 못했어요), 갑자기 시간이 멈춰버린 것만 같았어요. 순식간에 저는 깨닫게 되었지요—그 누구에게도 이런 고백을 한 적이 없어요. 저 자신에게도, 당신에게도, 그 누구에게도—프리드리히가 당신의 주소를 제게 준 이후, 저의 충동이 정말 용서받지 못할 불충을 저지르고, 빗나가려던 제 인생을 자비롭게 구해주었다는 것을요. 그러나 당신은 이것을 아셔야 해요.(왜냐하면 그동안 우리가 자주 연락하지 않고 지냈기 때문이죠.) 만약 제가 그렇게 했다면, 그것은 오로지 자부심에서 그랬을 것임을—즉 순수하고 단순하며 말도 안 되는 어리석음으로 인한 것이었음을. 그 외에는 어떤 이유도 아니에요."[86] 그 "이유"는 아마도 하이데거의 나치 협력이었을 것이다.

하이데거가 먼저 자신의 편지를 안내데스크에 맡긴 후 웨이터에게 방문 사실을 알렸기 때문에, 아렌트는 나중에야 하이데거의 편지를 확인할 수 있었다. 그 편지는 짧았고 공식적인 인사말을 담고 있었으며, 1925년에 보냈던 첫 편지에서처럼 그녀의 호칭에 공식적인 이인칭 대명사를 사용했다. 하이데거는 오후 8시에 집으로 와달라고 아렌트를 초대했고, 만약 선약이 없었다면 아내가 그녀를 기쁘게 반겨주었을 것이라고 썼다. 하이데거는 두 사람의 과거 연애에 대해 아내가 알고 있다고 짧게 언급했다.

그러므로 아렌트가 하이데거의 집에서 그와 단 둘이

있었던 "그날 밤", 미처 읽지 못한 편지는 아렌트의 핸드백 안에 있었고 그녀는 하이데거가 아내에게 불륜사실을 고백했다는 것을 몰랐다. 아렌트는 그날 밤 늦게서야 그 사실을 알게 되었다. "반쯤 잠이 든 채" 호텔로 돌아오는 택시 안에서 그녀는 하이데거의 편지를 읽었다. 두 사람이 단 둘이 시간을 보낼 때는 고백 사실을 몰랐기 때문에 아렌트는 그 놀라운 소식으로 기분이 흐려지지 않았고, 그래서 열린 마음으로 자유로웠다 — 그녀는 엘프리데가 남편의 고백을 "압박했다"고 잘못 생각했다 — 그것은 마치 하이데거가 아렌트의 감정을 이용하는 것 같았다. 다음 날 아렌트는 블뤼허에게 하이데거가 그 어느 때보다 정직하고 개방적이었다고 보고했다.

"우리 생애에서 처음으로 우리는 서로 진정한 이야기를 나누었어요. 내게는 그렇게 여겨졌어요."[87]

하이데거의 요청으로 아렌트는 다음 날 아침 다시 그의 집을 방문했다. 그 방문 이후에 쓴 2월 9일자 편지에 이르러서야 그녀는 1926년에 마부르크를 떠난 이유가 바로 하이데거 때문이었다고 밝혔다. 두 사람 사이의 과거 패턴이 여전히 적용되고 있는 듯했다. 즉 그는 이야기했고 그녀는 경청했다. 하이데거는 믿을 수 있고 이해심 많은 친구가 필요했으므로 — 이는 야스퍼스를 향해서도 마찬가지였고, 적당한 때를 봐서 아렌트가 자신의 소식을 야스퍼스에게 알려줄 것이라고 하이데거는 정확하게 예측했다─아렌트가 자신을 유명한 철학자가 아니라, 저지르지도 않았고 알지도 못하는 죄에 대한 악의적인 비방과 혐의로 망가져버린, 나이든 한 남자로 보아주길 바랐다.

하이데거는 비난받고 비방을 당했는데 그 이유는 단지(1951년에 아렌트가 야스퍼스에게 알려준 바대로) 어떤 "악마"가 당시 그를 사로잡고 있었기 때문이었다. 아렌트는 이런 일이 어떻게, 왜 일어나게 되었는지 "그는 정말로 알지 못했다."고 야스퍼스에게 확언했다.[88] 아렌트는 하이데거를 향해 귀를 기울였고 그의 시련에 호응했으며, 그리고 연민을 느꼈고 마음이 동요되었다.

일단 도제관계가 다시 정립되었으므로 아렌트가 하이데거를 위해 못할 일은 아무것도 없었다. 그녀는 이 점을 2월 9일자 편지에서 확실히 밝혔다. "저는 부인(엘프리데)이 절 어떻게 생각하는지 알지 못한 채(다음 날 아침인 2월 8일에) 댁으로 찾아갔어요… 만약 제가 미리 알았더라도 방문하는 걸 단 한순간도 망설이지 않았을 거예요."

그날 엘프리데 하이데거가 독일 여성과 유대인 여성에 대해 언급했음이 분명해 보인다. 왜냐하면 아렌트가 다음과 같이 말했기 때문이다.

"저는 제가 단 한 번도 독일여성이라고 느낀 적이 없고, 유대인 여성이라고 느끼지 않은지도 오래되었어요. 저는 진정으로 저 자신을 느껴요 — 낯선 곳에서 온 소녀"(프리드리히 실러의 시 「낯선 곳에서 온 소녀」*).[89]

아렌트는 블뤼허에게 보낸 2월 8일자 편지에서, 자신이 프라이부르크에 도착했을 때 하이데거가 시간에 맞춰 호텔로 왔다고만 언급했다.[그녀는 친구인 힐데 프란켈(Hilde Frankel)에게 보낸 편지에서 당시의 정확한 상황을 설명했다.]

"오늘 아침에 엘프리데와 논쟁을 했어요. 엘프리데는 지난 25년 동안 어떤 방식으로든 하이데거를 압박해서 나와 관계된 이야기를 알아낸 후, 하이데거의 삶을 끊임없이 지옥으로 만들었던 것으로 보여요. 물론 기회 있을 때마다 거짓말을 잘하기로 악명 높은 하이데거는, 우리 세 사람이 나눈 이 기이한 대화가 분명히 밝혀주듯, 지난 25년 동안 한때 내가 자신의 삶의 열정이었음을 절대로 부인하지 않았을 거예요. 내가 살아 있는 한, 그의 아내가 모든 유대인들을 익사시키려 하지 않을까 두려워요.

* 아렌트가 언급한 실러의 시 제목은 국내에서 「타지에서 온 소녀」, 또는 「이국소녀」 등으로 번역된 바 있다.-역주

아아, 엘프리데는 정말이지 놀랄 정도로 어리석어요."[90]

같은 날 하이데거는 아렌트에게 편지를 썼는데, 그때 아렌트는 이미 프라이부르크를 떠난 뒤였다. 그 편지에서 하이데거는 아내의 믿음을 저버렸다고 자책했다. 왜냐하면 만약 엘프리데가 모든 사실을 알았더라면 아렌트와 자신의 사랑이 지닌 풍요로움을 이해할 뿐만 아니라, 운명이 남편에게 부여한 선물을 축복했을 것이기 때문이었다. 그러니 이제는 모든 것을 빚진 그 여인을 위해 자신이 잘못을 바로잡을 시기가 왔다고 하이데거는 말했다. 엘프리데는 하이데거의 삶을 생산적이고 안락하고 충족한 것으로 만들기 위해 자신의 삶을 헌신해왔던 것이다.

만약 아렌트가 하이데거와의 관계 유지라는 특권을 위해 자신이 대가를 치러야 한다는 하이데거의 생각을 그때까지 믿지 못하고 있었다면, 그 편지는 아렌트의 그런 생각을 즉시 바로잡아주었다. 하이데거는 아내와 옛 정부 사이의 대화를 아렌트가 그랬던 것처럼 "논쟁"이 아니라 자발적인 화해, 즉 명확하고 개방적인 분위기 속에서 세 사람 모두에게 신뢰가 형성된 화해였다고 간주했다. 엘프리데가 남편과 아렌트, 그리고 그 두 사람의 사랑에 대해 충성심과 자신감을 가졌다는 하이데거의 생각은, 아내를 향한 그의 사랑을 새로운 차원의 단계로 끌어올렸다. 아렌트가 이미 과거 자신의 한나가 되었다고 느낀 것처럼, 하이데거는 아렌트가 아내와도 가까워졌다고 주장했던 것이다.

그 누구도 흉내 낼 수 없는 방식으로 하이데거는 아렌트에게 다음과 같이 편지했다. 그와 아렌트가 우정을 되찾도록 도와준 사람이 바로 엘프리데이며, 그와 아렌트의 사랑을 유지하도록 하는 것도 바로 엘프리데의 사랑이라는 것이다. 두 여성이 헤어질 때 서로 포옹했던 이미지는 하이데거가 미래에 보기를 원했던 모습이었다. 즉 하이데거를 향한 사랑으로 뭉친 두 여성이 서로 정서적인 유대를 맺는 것이었다. 이후 하이데거가 보낸 거의 모든 편지에는 아렌트에게 키스와 인사와 안부를 보내는 엘프리데가 등장한다. 이제 세 사람은 새로운 경험의 문턱에 서 있었고, 그 안에서 아렌트는 마틴과 엘프리데 하이데거 두 사람 모두에게 속해 있었다.

아렌트가 하이데거의 아내를 만났을 때 블뤼허에게 이야기했던 것(적어도 그 당시에는) 이상의 무언가가 있었다는 사실은, 2월 9일에 하이데거에게 보낸 편지와 그의 아내에게 썼던 편지에서 명백하게 드러난다. 아렌트는 하이데거에게 다음과 같이 편지했다. "저는 엘프리데가 보여준 정직하고 단호한 태도에 그때나 지금이나 여전히 당황하고 있어요."

아렌트는 그 "이상한" 대화 도중에 엘프리데를 향해 "돌연한 유대감"과 "갑작스럽고 압도적인 깊은 공감"을 느꼈고, 자신의 감정을 극복할 수 있었다고 편지에 썼다. 그런 후 그녀는 하이데거에게 다음과 같이 불쑥 말했다. "제가 침묵했던 건 물론, 신중했기 때문만이 아니라 자존심 때문이기도 했다고 덧붙일 수 있어요. 그리고 당신에 대한 사랑 때문이기도 했지요—이미 어려운 상황을 더 어렵게 만들고 싶지 않았어요. 제가 마부르크를 떠난 건 순전히 당신 때문이었어요."[91]

아렌트가 인정하기까지 25년이나 걸린 이 마지막 문장은, 이틀 전 두 사람이 서로 "진정한 이야기를 나누었다."고 했던 아렌트의 인식에 의문을 제기하게 만든다. 그날 아렌트는 자신에 대해 감히 말하지 못했던 것이다. 하지만 하이데거는 세상과의 소통을 위해 자신에게는 홍보대사가 필요하며, 아렌트가 그 역할에 꼭 들어맞는다고 즉시 그녀를 이해시킬 수 있었다. 아렌트는 자신의 임무를 순순히 받아들였던 것으로 보인다. 무엇보다 중요한 것은 아렌트가 저명한 유대인이고, 그러므로 아렌트의 지지는 하이데거를 향한 지속적인 반유대주의 혐의를 상쇄하는 데 도움이 된다는 사실이었다.

그러나 1950년 2월 10일에 아렌트가 "친애하는 하이데거 부인"에게 쓴 편지는, 두 여성이 조화롭고 자발적으로 친해지기를 원했던 하이데거의 열렬한 바람이 실현되지 못했음을 보여준다. 낯선 타인에게 썼다고 하기에는 놀랄 정도로 솔직하기는 했지만, 아렌트의 편지는 공적이고 정직했으며 사무적인 것이었다. 아렌트는 스스로의 '필요'에 의해 한 여성에게 편지를 썼다. 아렌트로서는 그 여성이 자신에게 악감정을 갖고 있다는 걸 알고 있었는데 왜냐하면 자신이 (그녀) 남편의 사랑의 대상이기도 했고 유대인이기도 했기 때문이었다. 아렌트의 편지에 깃든 권위와 균형 그리고 정교한 스타일과 다층적인 내용은 그녀의 훌륭한 정신과 마음을 증거하고 있었고, 편지의 수신인을 놀라게 할 수밖에 없었다. 이러한 사실은 엘프리데 하이데거에게는 또 하나의 충격으로 다가왔다.

아렌트는 하이데거의 2월 9일자 편지에 답장했고, 그 답장을 엘프리데가 읽었을 거라고 믿었다. 또한 아렌트는 하이데거가 자신의 편지를 아내에게 읽어줄 거라고 생각했다. 이 때문에 아렌트는 사실상 두 사람에게 편지를 쓰는 셈이었다. 아렌트는 편지에 쓰기를, 꼭 칭찬이라고는 할 수 없지만 엘프리데가 검열관 역할을 하는 걸 예상하고 있으며, 자신은 그것을 정중하게 받아들이겠다고 덧붙였다.

"제가 방문할 수 있어서 행복했어요. 그리고 모든 게 잘 진행되어 행복했습니다."라고 아렌트는 썼다.

이는 또 하나의 악의 없는 지적이었는데 모든 게 잘 진행되지 않았다는 걸 두 여성 모두 알고 있었기 때문이다. 그러므로 아렌트의 다음과 같은 말은 하이데거를 향한 인사말인 셈이었다.

"믿음이 부족한 것과는 상관없이 신중함에서 비롯되는 죄의식이 있어요. 이런 점에서 본다면 마틴과 저는, 우리가 엘프리데 당신에게 그랬던 것처럼, 아마 서로에게 죄를 지었다고 봅니다."

그런 후에 아렌트는 다음과 같이 단호하게 말했다. "이것은 사과가 아닙니다. 기대하지 마세요. … 그리고 저는 그 어떠한 사과도 할 수 없어요. … 당신은 우리 사이의 서먹함을 없애주었고 이 점에 대해서는 진심으로 감사드립니다."라고 아렌트는 인정했다.

엘프리데는 두 사람의 과거에 대해 분명 석연치 않은 궁금증을 갖고 있었고, 이에 대한 해명을 바라고 있었다.

"하지만 그것 때문에 당신이 제게 무언가를 기대한다는 생각은 들지 않았어요. 왜냐하면 ─ 이 연애와 연관해

본다면, 저는 처음에는 하지 않았던 잘못을 나중에 훨씬 더 많이 저질렀기 때문이에요. 보세요. 마부르크를 떠날 때 다시는 남자를 사랑하지 않겠노라고 단단히 결심했지만, 그 이후 저는 사랑도 없이 누군가와 결혼했어요." 아렌트가 깊은 의미의 사생활 침해를 감수하면서까지 이러한 고백을 한 것은, 자신이 비록 귄터 스턴과 결혼했지만 하이데거를 사랑했었다는 사실을 그에게 한 번 더 말하기 위함이었던 것으로 보인다. 아마도 아렌트는 하이데거와 스턴이 함께 떠날 때 기차역에 홀로 서 있던 자신의 모습을 하이데거의 마음속에 환기시키고자 했는지도 모른다.

"그동안 엘프리데 당신은 확실히 저와 관련된 일들을 포함해서 자신의 감정을 숨기지 않았고, 그건 지금도 마찬가지예요. 당신의 감정으로 인해 우리의 대화는 거의 불가능한 상태에까지 이르렀어요. 왜냐하면 상대방이 어떤 말을 하든 그 말은 이미 규정되어 있었으니 말이에요. (이렇게 말하는 걸 용서하세요.) 그러니까 유대인, 독일인, 중국인 등으로 상대방이 미리 범주화되어 있었어요. 마틴에게도 밝혔듯, 저는 이 문제들에 관해 언제라도 객관적인 정치적 방식으로 토론할 준비가 되어 있어요 — 제가 그것들에 관해 약간은 알고 있다고 생각해요 — 그러나 여기에는 사적인 의미에서의 인간은 제외된다는 조건이 있어야 해요. 인신공격적 논쟁은 모든 이해를 망치게 만드는데, 그것은 인간의 자유 바깥에 위치한 어떤 것과 관계가 있기 때문이에요."

그 대화—혹은 논쟁—도중에 엘프리데는 중재자로 칼 야스퍼스를 초대하자고 제안했다. 중재자가 두 여성 사이에 필요했던 것인지 아니면 하이데거 부부 사이에 필요했던 것인지는 확실치 않다.

"어떻게 엘프리데 당신이 야스퍼스를 중재자로 초대할 생각을 했나요?"라고 아렌트는 물었다.

"야스퍼스와 내가 친구라는 걸 혹시 당신이 알았기 때문인가요? 아니면 야스퍼스를 그토록 깊이 신뢰하고 있었던 건가요?" 하고 아렌트는 냉소적으로 말했다. 아렌트는 엘프리데가 야스퍼스를 거의 모른다는 것과 1930년대 초반 이후로 야스퍼스를 만난 적이 없다는 사실을 알고 있었다.

아렌트는 "저는 너무 충격을 받아 어떤 반응도 할 수 없었어요. 그리고 이제는 그 질문을 머릿속에서 지울 수가 없네요."라고 말한 후, 하이데거 부인이 자신의 질문에 답변하지 않아도 된다고 상냥하게 덧붙였다.

"우리는 곧 다시 만나게 될 겁니다."라며 아렌트는 편지를 끝맺었다. "그때까지 이 편지를 제 인사와 고마움의 표시로 받아주시길 바랍니다."[92]

아렌트와 하이데거의 관계에 있어서 그날의 만남은 이후 25년 동안 지속된 하나의 새로운 장(章)을 여는 것이었다. 때로는 서로 활발한 서신이 오갔고, 침묵이 지속되기도 했다. 또한 세심하게 일정을 맞춘 뒤, 보통은 엘프리데의 감독하에 방문이 이루어지기도 했고, 드물게는 아렌트가 소중히 여겼던 시간, 즉 하이데거와 단 둘이 만나게 되는 경우도 있었다. 하이데거의 침묵은(1920년대 후반과 1930년대의 침묵과 흡사하다.) 그의 오르락내리락하는 기분과 변덕, 그리고 아렌트를 통제하려는 욕구에 의해 생겨났고, 한 번은 아렌트의 독립적인 태도가 그를 향한 저항으로 간주되어 아렌트는 즉시 침묵의 벌을 받기도 했다.

아렌트와 하이데거가 1950년의 만남을 각각 다르게 해석한 것은 의도된 왜곡이라기보다는 두 사람의 각기 다른 인식을 반영하는 것이다. 하이데거는 아내와 아렌트 사이에 유대가 형성되기를 원했지만, 아렌트는 자신과 엘프리데 사이에 간극을 메울 수 없는 괴리가 존재한다는 것을 알고 있었다.

아렌트는 하이데거와 사랑에 빠졌던 25년 전에 자신

이 하이데거를 제대로 알지 못했다는 걸 깨달았다. 아렌트는 하이데거를 받아들이는 법을 배웠지만 그것은 그녀의 내부에 저항을 불러일으키곤 했다. 블뤼허에게 쓴 편지에서 드러난 바대로, 아렌트는 이제야말로 하이데거를 온전히 알게 되었다는 잘못된 믿음을 가졌다. 더욱이 그녀는 오직 자신만이 하이데거의 영혼의 깊이를 이해할 수 있고, 하이데거에게 생명을 불어넣을 수 있는 힘을 가졌으며, 하이데거의 뮤즈이자 치유자라고 확신했다. 두 사람의 정신적 결속력 때문에 하이데거는 그 누구보다도 아렌트 자신이 필요했다고, 아렌트는 남편에게 편지로 알리곤 했다. 사실 아렌트는 자신을 필요로 하는 하이데거가 필요했던 것이다.

아렌트가 독일을 떠난 지 7일 후인 2월 중순 무렵, 하이데거는 3월 초에 다시 방문해달라고 초대하는 편지를 썼다. 그리고 1950년 3월 2일, 아렌트는 하이데거를 재방문했다. 호텔 일정에 관해 하이데거가 제안했던 것을 볼 때, 그는 짧은 방문보다는 긴 체류를 원했던 것으로 보인다. 아렌트는 4일 동안 머물렀는데, 엘프리데가 그 초대에 동의했음이 분명하다. 왜냐하면 이어지는 몇 년 동안 엘프리데가 반대할 경우 하이데거는 아내의 의견에 따라 아렌트를 초대하지 않았기 때문이다.

아렌트의 두 번째 방문은 개인적인 의미에서 볼 때 첫 만남보다 두 사람 모두에게 훨씬 더 충만했던 것으로 보인다. 하이데거가 사반세기 만이라고 불렀던 첫 만남에서의 드라마틱한 요소와 불가피했던 갈등은 이제는 더 이상 영향을 끼치지 않았다. 아렌트는 처음이자 마지막으로 그동안 하이데거로 인해 얼마나 큰 고통을 겪었는지 이야기하기 시작했다. 당시 아렌트의 방문을 회고하는 1950년 5월 4일자 편지에서, 하이데거 역시 자신이 아렌트에게 야기한 고통과 함께 더 이상 숨길 수 없는 스스로의 결함에 대해 공개적으로 언급했다. 하이데거는 아렌트를 "가장 신뢰하는 친구"라고 칭하면서, 다소 멜로드라마적인 분위기 속에서, 두 사람의 삶에 스며든 빛과 그들이 함께 나눈 심장의 교감에 대해 이야기했다.

　두 사람은 야스퍼스에 대한 하이데거의 행동에 대해서도 이야기를 나누었음이 분명해 보인다. 아렌트가 3월 7일에 블뤼허에게 다음과 같이 설명했기 때문이다.

　"(1933년에) 하이데거가 야스퍼스를 갑자기 만나지 않았던 이유는 자신이 실제로 무슨 일을 했는지 깨닫고, 이에 대해 부끄러움을 느꼈기 때문이었어요. 하이데거는 야스퍼스가 그것을 다른 방식으로, 즉 야스퍼스의 유대인 아내에 대한 거부라고 해석할 수 있다는 데 완전히 충격을 받았지요. 사실 하이데거는 당시 몇 년 동안 비슷한 상황에 놓인 다른 사람들과 아주 많은 교류를 가졌어요. 가장 명백한 해명이 되는 이런 일들을 하이데거는 전혀 생각해내지 못했던 거지요."[93]

아렌트는 이렇게 설명했지만, 하이데거가 야스퍼스처럼 유대인 아내를 둔 독일인들과 교류를 가졌다는 증거는 그 어디에서도 찾을 수 없다. 또한 하이데거는 그들 중 단 한 사람의 이름도 아렌트에게 제시할 수 없었는데 왜냐하면 그 당시 유대인들은 대부분 망명상태에 있었기 때문이다.

불과 일 년 전까지만 해도 아렌트는 하이데거의 저서를 미국에서 출판하는 일에 대해 격렬하게 반대했다. 하지만 1950년의 만남 이후 그녀는 무보수이긴 하지만 하이데거를 위해 미국에서 활동하는 헌신적인 에이전트가 되었다. 아렌트는 출판사를 물색하고 계약을 협상했으며, 최고의 번역자들을 선별했다. 무엇보다도 그녀는 하이데거의 나치전력을 눈가림하기 위해 할 수 있는 한 모든 일을 다했다. 심지어 엘프리데조차 미국에서 아렌트가 갖고 있는 연줄과 그녀의 유용성에 대해 존경심을 갖게 되었다. 그러나 하이데거는 이와 같은 아렌트의 수고를 자신이 그녀에게 부여한 특권이라고 간주했다. 왜냐하면 그렇게 하도록 함으로써 자신이 아렌트를 믿고 있다는 사실을 증명해 보였기 때문이었다.

하인리히 블뤼허는 하이데거의 철학을 좋아하는 열렬한 숭배자였다. 때문에 그는 하이데거의 삶과 저작에 끼친 아내의 역할에 감명받았고, 아내의 노력을 정서적 개입의 연속이라기보다는 철학에 대한 공헌으로 간주했다. 엘프리데가 아렌트를 그런 식으로 인식했듯이, 아렌트나 블뤼허가 하이데거를 자신들의 결혼생활에 위협적인 존재로 인식했다고 여기는 것은 아마도 잘못된 추측일 것이다. 블뤼허는—그는 현실적이고 직선적이었으며, 아렌트의 첫사랑에 수반된 모호한 유혹에 대해서 전혀 몰랐다.—아렌트가 겪은 청춘시절의 로맨스를 즐거운 기억의 영역에 속하는 어떤 것으로 평가절하했다. 철학을 위해서는 아렌트가 하이데거의 편에 서야 한다고, 블뤼허는 아내를 격려했다. 만약 당시 블뤼허가 아렌트에게 사랑과 지지를 보내지 않았더라면 아렌트는 하이데거와의 우정을 지속할 수 없었을 것이다.

하이데거에 대해 아렌트가 느끼는 감정은 성적이고 심리적인 차원의 정의를 넘어서는 것이었다. 그러나 블뤼허는 아렌트의 또 다른 자아였다. 아렌트는 하이데거 없이 살아갈 수는 있었겠지만 블뤼허 없이는 살아갈 수 없을 것이었다. 아렌트는 블뤼허를 신뢰했던 것만큼이나 하이데거를 불신했고, 그녀에게 있어서 신뢰란, 진정한 결합의 토대였다. 하이데거를 향한 비논리적인 감정과는 별도로 아렌트는 자신이 존경하지 않는 남자를 사랑할 수는 없었다. 아렌트가 하이데거의 무죄를 선언한 것은 충성심이나 공감, 혹은 정의감에서라기보다는 그녀 자신의 자부심과 존엄을 지키고자 했기 때문이었다.

아렌트의 방문 이후 이어진 하이데거의 편지는 따뜻하고 우아하고 로맨틱하며 심지어 유혹적이었다. 그는 아렌트에게 어울리는 옷을 회상했고, 사진을 보내달라고 청했으며, 그녀를 위해 시를 썼다. 또한 두 사람이 함께 좋아했던 베토벤 교향곡을 기억했으며, 자연의 마법에 대해 묘사했고, 먼 과거를 회상했다. 그런 후에는 이상하게도, 서재에서 내다보이는 아름다운 꽃들에 대해 묘사하곤 했다―꽃들은 아내가 가꾸는 것이라고 그는 설명했다.

1950년에 하이데거가 아렌트에게 보낸 열여섯 통의 편지는 분량이나 내용면에서 전후(戰後)의 다른 편지들과는 확실히 구별된다. 이후 이어진 편지는 1951년에 여섯 통, 1952년에 세 통, 1953년에 두 통, 그리고 1959년에는 한 통이었다. 노년에 이르러 하이데거는 다시 아렌트와 이야기를 나눌 필요를 느꼈고, 두 사람의 편지왕래는 다시 활기를 찾았다.

1950년에 하이데거가 보낸 여러 통의 편지는 두 사람의 연애가 한창이던 시절에 그가 썼던 편지들과 흡사했다. 현실적인 고려사항들과는 별도로 하이데거는 자신을 향한 아렌트의 지속적인 감정, 즉 자신의 나치전력마저도 견뎌낸 아렌트의 감정에 감동받고 추어올려졌다. 독일에 닥친 파국은 이미 1937년과 1938년에 분명해 보였다고 하이데거는 아렌트에게 말했다. 그러나 과연 그랬는가? 전쟁이 끝날 때까지 하이데거가 보여준 활동과 행동들은—1938년 4월에 그는 후설의 장례식에 참석하지 않았다—전혀 다른 사실을 말해준다.

하이데거의 삶에 있어서 아렌트의 재등장은 그가 아내 엘프리데와 아렌트, 두 사람 모두를 달래야만 하는 상황을 초래했다. 그래서 하이데거는 한 편지에서 아내의 사랑과 한나의 사랑 모두가 필요하다고 설명한 바 있다. 자신과 한나의 사랑은 엘프리데의 사랑을 필요로 하는데, 왜냐하면 사랑은 사랑을 낳기 때문이었다. 또 다른 편지에서 하이데거는 사진 속의 아렌트의 얼굴을 오랫동안 들여다보았고, 그녀의 눈 속에 담긴 고통이 세상에서 당한 거친 처우와 성숙한 여인의 경험을 드러낸다

고 표현했다. 변신의 신비로움이 그리스 여신 속에 체화
되어 있다고 하이데거는 썼다. 즉 소녀 안에 여인이 숨어
있고, 여인 안에 소녀가 숨어 있다는 것이었다. 그리고
하이데거는 한나의 편지와 사진 가운데 어느 것이 더 아
름다운지 물었다.

5월 초, 하이데거는 메스키르히에 3주 동안 머물렀다.
그는 5월 3일에서 5월 16일 사이에 짧은 간격으로 연달
아 네 통의 편지를 아렌트에게 보냈다. 집에서는 그렇게
자주 편지하거나 혹은 그토록 거리낌 없이 자신을 표현
할 수 없었던 것이 분명했다. 비록 아렌트를 그리워하고
있지만, 아렌트가 되돌아온 이후 하루하루가 그에게 기
쁨을 선사한다고, 그는 편지에 썼다. 화려한 수사로 가득
한 산문에서 하이데거는 자신이 사고할 때 오직 한나만
이 자신과 가까이 있다고 썼다. 즉 그녀가 자신과 가까
이 살기를 꿈꾸며, 그녀의 머리카락을 손가락으로 쓸어
내리기를 꿈꾼다는 것이다. 자신의 마음속에 그녀의 마
음이 살고 있고, 희망과 그리움이 살고 있다고 하이데거
는 표현했다. 메스키르히 편지에서 드러나는 하이데거는
마치 어떤 변화를 겪은 남자처럼 흥분과 열정으로 넘쳤
다. 아내 엘프리데에 대해서는 단 한 번도 언급하지 않았
고, 이 세상에 오직 그와 한나만이 존재하는 것 같았다.

하이데거가 프라이부르크로 돌아온 이후에는 일상의 근심걱정이 다시 시작되었다. 형편없는 연금과 몸이 아픈 며느리, 정부와 성당 당국자들로부터 당하는 홀대, 그리고 하이데거가 자신을 결코 생포하지 못할 거라고 단언했던 러시아인들과 러시아 비밀경찰에 대한 두려움 등이었다. 메스키르히에서 얻었던 마음의 평화는 사라졌다. 이후 하이데거의 편지는 종종 앞뒤가 맞지 않고 우울했지만, 아렌트의 존재가 다시 등장함에 따라 때로 열정의 불꽃이 다시 피어오르기도 했다.

그러나 5월에 이루어진 짧았던 편지왕래는 하나의 흔적을 남겼다. 1951년 2월에 예정되었던 아렌트의 방문에 대해 하이데거는 만약 자신의 집에 '분란'이 생길 경우 일부러 방문하는 수고를 하지 말아달라고 요청한 것이다.(아렌트는 가지 않았다.) 또한 하이데거는 메스키르히에서 보낸 자신의 편지에 답장할 때 조심해달라고 부탁했다. 둘 사이의 비밀과 미스터리는 그들의 과거 연애를 다시 떠올리게 했다.

하이데거의 요청에 따라 아렌트는 자신의 어머니 사진을 하이데거에게 보냈다. 1920년대 초반에 하이데거는 아렌트의 어머니를 만난 적이 있었다. 하이데거는 어떤 식으로든 두 사람이 헤어져 있었던 세월을 '따라잡기를' 원했지만, 두 사람 모두 그것이 환상임을 알고 있었다. 아렌트의 편지는 엘프리데에게 검열당했고 그녀의 방문은 환영받지 못했다. 그리고 그녀가 보낸 선물들은—레코드, 책, 카프카 전집, 엘프리데를 위한 실크 스카프—의심받았다.

1950년에 하이데거가 아렌트에게 쓴 편지들은 사랑과 권력의 영광을 되찾아보려는 그의 짧았던 욕망을 반영하는 것이었다.

10

1952년 3월, 한나 아렌트는 유대인문화재건위원회의 업무로 다시 유럽을 방문했다. 그녀는 또한 칼 맑스에 관한 저서 집필을 위해 맑시즘의 전체주의적 요소에 관해 연구할 계획을 세웠다. 이후 아렌트는 연구의 초점을 소련 전체주의의 맑시즘적 요소로 바꾸었는데,『전체주의의 기원』에서 나치즘과 볼셰비즘이 서로 필적할 만한 이데올로기라고 했던 그녀의 주장이 입증에 실패했다고 비평가들이 지적했기 때문이었다. 1951년에 출간된『전체주의의 기원』은 아렌트에게 세계적인 명성을 가져다주었고, 그녀는 하이데거가 이 사실을 받아들이기 힘들어할 거라는 걸 알았다.

프린스턴 대학은 명망 높은 크리스티안 가우스 세미나(Christian Gaus Seminars)에 여성으로서는 최초로 아렌트를 초빙했다.("최초의 여성"을 강조하는 일은 그녀를 짜증나게 했다.) 그리고 이 일은 하이데거를 또다시 거슬리게 했다. 블뤼허는 아렌트에게 다음과 같이 익살스럽게 편지했다.

"하이데거가 여성을 철학으로 인도한 걸 후회할 또 하나의 이유가 생겼네요."

아렌트는 답장했다. "네, 야스퍼스는 기뻐할 거예요."

"내일 하이데거를 만나러 갈 건데 그가 썩 기뻐하진 않겠지요. 하지만 나는 전혀 개의치 않아요."[94]

마치 하이데거로부터 거리를 두려는 것처럼 아렌트는 블뤼허에게 보낸 다음 편지에서 하이데거의 이름을 '프라이부르크'로 대체했다.

"결국 프라이부르크로 편지했어요. 나는 우선 그가 전전긍긍하도록 내 주소를 알려주지 않았어요. 이제 5월 19일로 내 방문이 확정되었으니, 거기서부터 생각해보겠어요."

이번에는 아렌트가 주도권을 가졌고, 이 자그마한 승리에서 그녀가 보여준 만족감은 이러한 일이 매우 드물게 이루어졌다는 것을 나타낸다.

"그는 안도하면서 이제 적어도 내가 어디에 있는지 알게 되었다고 편지했어요. 부인과의 사이에 어려움이 있다는 건 분명해 보여요. 부인은 야스퍼스가 자신의 남편을 하층민 취급했다고 격노했을 테고, 아마도 나를 비난 하겠지요. 모든 게 엉망진창이에요."[95]

아렌트에게는 분명하게 여겨졌던 일들이 그녀가 하이 데거를 방문하는 동안 실제로 일어났던 것은 아니었다. 그녀는 일주일 동안 프라이부르크에 머무를 계획이었고, 그 사적인 방문이 공개적으로 알려질 것을 염려하여 마 치 업무차 여행하는 것처럼 가장했다. 과거의 밀회에서 경험한 비밀스러움을 다시 체험하고자 한 것이 아니었다 면, 왜 이러한 모의가 필요했는지는 분명치 않다.

아렌트는 스카프 선물과 인사말에도 불구하고 엘프리 데가 자신을 따뜻하게 환영해줄 거라고 기대하지는 않 았다. 그렇지만 엘프리데의 행동은 아렌트를 무척 놀라 게 했다.

"엘프리데는 질투심에 사로잡혀 거의 미칠 지경이었 어요."

5월에 아렌트는 프라이부르크에서 블뤼허에게 보고했 다.

"하이데거가 그저 나를 잊어주기를 바라는 마음을 수 년 동안 품은 후 엘프리데의 질투심이 더욱 강렬해진 것 으로 보여요. 하이데거가 곁에 없을 때 엘프리데는 거의 반유대주의에 가까운 소동을 일으켰어요. 어쨌든 그 숙녀의 정치적 신념(기회가 된다면 그걸 가져가거나 당신께 보내 겠어요. 엘프리데가 가장 좋아하는 신문은 내가 지금까지 독일에 서 본 것 중 가장 혐오스럽고 저속한 신문이에요), 편협한 마음, 다른 체험들로부터 전혀 영향받지 않은 아둔함, 추한 원 망이 풍기는 악취 등은 하이데거에게 쏟아지는 모든 비 난을 쉽게 이해할 수 있도록 했어요. … 간단히 말해서 난 하이데거를 일상적으로 대하기 시작했고, 그 이후에 상황이 훨씬 나아지더군요."

"하이데거에게 쏟아지는 모든 비난"을 감수해야 할 사 람은 바로 하이데거 자신이라는 것을 아렌트는 생각해 낼 수 없었다. 12년에 걸쳐 하이데거가 행동하고, 말하 고, 저술했던 것이—특히 총장 재임시절 동안—아렌트 에게는 중요하지 않은 듯했다. 엘프리데에게 모든 비난 을 돌리려는 열망으로 인해 아렌트는 엘프리데를 사악 한 세력으로 묘사했던 사람들과 같은 편에 서게 되었다.

"그가 아주 훌륭한 상태에 있기 때문에 아마도 이 모 든 것은 의미가 없을 거예요."라며 아렌트는 편지를 이었 다.

"하이데거는 내게 강연의 일부분을 읽어주었어요. 그 가 진정 감동적인 자세로 준비한 강연이에요.(하이데거는 항상 강연 원고를 두 번씩 쓰고, 그중에서 여러 페이지는 네다섯 번씩 써요.)"

아렌트는 아내로부터 벗어나 집에서 멀리 떨어진 곳에서 하이데거를 만나려는 생각을 적어도 한 번 이상 해보았다. 만약 단 둘이 있게 되면 하이데거를 훌륭하게 도와줄 수 있을 거라고 그녀는 확신했다. 이제 아렌트는 다시 잠정적인 계획을 세웠다.

"내가 마틴을 어딘가에서 한 번 더 만날 수 있을지는 확실하지 않아요."라고 아렌트는 8월에 블뤼허에게 편지했다. 그렇게 되면 아렌트는 돌아오는 날짜를 연기해야 하고 남편은 홀로 휴가를 떠나야만 하며, 그것이 그에게 "완전히 끔찍한" 일이라는 걸 아렌트는 알고 있었다.

"그러니 내가 무엇을 해야 할까요?" 하고 그녀는 수사학적으로 물었다.

"스텁스(Stups, 남편을 부르는 아렌트의 애칭), 내가 조금이라도 지혜롭지 못했더라면 난 견뎌내지 못했을 거예요. 내가 해낼 수 있을 거라고 생각했지만, 그 일이 쉽지는 않다는 걸 알고 있었어요. 근본적으로 선한 하이데거의 천성을 신뢰하는—내게는 전적으로 설득력이 있지만, 사실 그 누구도 이 점을 이해할 수 없어요—확신이 내게 있었고, 이것은 항상 나에게 깊은 영향을 끼쳤어요.(다른 식으로는 이걸 설명할 길이 없어요.) 우리가 단 둘이 있게 되자마자 이 모든 것들이 완전히 사라졌어요. 그렇지 않았다면 모든 건 너무나 쉽게 나타났을 거예요. 하이데거는 진정으로 무력함과 무방비 상태에 놓여 있었어요. 그러나 하이데거가 일을 할 수 있는 한, 그는 위험하지 않아요. 내가 두려워하는 유일한 것은 주기적으로 나타나는 그의 우울증이에요. 나는 하이데거가 우울증을 극복할 수 있도록 용기를 불어넣으려 애쓰고 있어요. 아마도 내가 이곳에 없을 때, 하이데거는 나와 함께했던 순간들을 기억하게 될 거예요."[96]

블뤼허는 아내가 처한 곤경에 동감했다.

"마틴이 처한 상황을 보고도 그에게 힘을 불어넣는 일에 최선을 다하지 않는다면… 그건 무책임한 일이 될 거예요. … 그러니 가능한 한 오랫동안, 그곳에 머물도록 해요. 하이데거의 아내는 잊어버려요. 어리석음이 아집으로 바뀔 때 결국 그것은 악으로 변해버리거나, 악과 구별할 수 없게 되기 마련이에요. 침묵한 채 무시해버려요. 『사유란 무엇인가?』(What is called thinking? 1954년에 출판된 하이데거의 저서)는 신을 추구하는 가장 훌륭한 철학적 질문 중의 하나예요. 그러니 그가 질문하도록 도와줘요."[97]

블뤼허는 계속 아렌트를 안심시켰다.

"아렌트 당신은 확실히 모든 걸 올바르게 하고 있어

요. 하지만 상황은 암울해졌고 하이데거의 인생은 엉망이 되었어요. 이 모든 건 바보 같은 편견 때문이고 사회적 근간이 약하기 때문이지요. 이런 사회는 그저 지옥에나 가야 마땅하고, 곧 그렇게 될 거예요. 최소한 그의 원고만이라도 구할 수 있다면 좋을 텐데요."[98]

당연히 블뤼허는 아렌트의 설명을 통해서만 상황을 파악할 수 있었다. 즉 아렌트를 향한 엘프리데의 불쾌한 행동과, 아무리 좋게 보아도 엘프리데가 하이데거의 사적·공적인 삶에 끼친 해악에 관한 것이었다. 아렌트에게 보낸 편지에서 자주 드러났던 하이데거의 내적 확신, 즉 엘프리데의 충실한 보살핌과 그녀를 향한 하이데거의 사랑과 의지, 그리고 지난 30여 년 동안 부부가 공유했던 삶에 대한 하이데거의 애착 등에 대해 블뤼허는 알지 못했다. 블뤼허는 아렌트의 말을 믿었고, 그녀가 설명하는 대로 혹은 그녀의 상상 속에서 존재하는 모습으로 하이데거의 사적인 면모를 파악했다. 즉 하이데거는 맞지 않는 여자와 결혼하여 인생을 망친 남자였고, 만약 낡은 사회적 관습에 얽매이지 않았다면 아내를 떠나 비참한 인생의 남은 날들을 구했을 것이며, 아렌트의 보호를 받고 그녀로부터 영감을 얻을 수 있었던 남자였다.

아렌트는 많은 남성들로부터 구애받고 사랑받았지만,

그러한 사실을 자랑하지 않았다. 오히려 그녀는 그런 점을 거의 언급하지 않았고, 가까운 친구들에게만 부드럽고 유머러스한 방식으로 과소평가해서 말했다. 그러나 하이데거는 다른 남성들과는 달랐다. 아렌트에게 중요했던 건 실제로 존재하거나 존재하지 않았을 에로틱한 매력이 아니었고—아렌트는 지나치게 성적이지 않으면서도 감각적이었다—자신이 하이데거의 인생에 끼쳤다고 믿었던 특별한 역할이었다. 즉 하이데거가 자신 이외에는 그 누구와도 정신적 유대감을 공유하지 않았다는 믿음이었다.

하이데거가 되풀이해서 사실을 말해주었음에도 불구하고 아렌트는 엘프리데가 하이데거의 모든 불운의 근원이며, 하이데거의 명성을 손상시켜 주변에 적대적인 분위기를 만들었다고 확신했다. 아렌트의 첫 남편인 귄터 스턴이 알려주지 않았더라면 엘프리데가 초창기에 국가사회주의와 연관되었고 부부가 그 사상을 공유했으며, 이로 인해 두 사람이 더욱 가까워졌다는 사실에 대해 아렌트는 알지 못했을 것이다. 결국 아렌트는 독일 국가사회주의가 하이데거의 이념이었다는 사실을 믿지 않았다. 하이데거의 나치 전력 혐의에 대해 무죄를 주장했듯이, 아렌트는 하이데거 부인의 '정치적 신념'을 우익의 저속한 신조 탓으로 돌렸고, 이로써 이념적으로 함께 속한 부부를 따로 분리해서 생각했다. '근본적으로 선한 천성'을 부여받은 하이데거가 어떻게 아내의 반동적 견해와 조화를 이룰 수 있겠는가? 하고 아렌트는 생각했다.

아렌트는 또한 하이데거가 악한 여성의 손아귀에서 고통받으며 무력하고 무방비한 상태에 놓여 있다고 상상했다. 즉, 엘프리데의 원망과 편견과 어리석음을 알아차린다면 누구라도 그녀의 파괴적인 영향력을 이해할 수 있을 거라고 생각했다. 하이데거의 과거와 관련된 모든 비난을 아내에게 전가시킴으로써 아렌트는 '정신'의 화신인 하이데거를 그 어떤 책임으로부터도 면제시켜주었다. 그렇게 해서 그녀는 양심적으로 뮤즈의 역할을 재개할 수 있었고, 가장 중요하게는 자기 자신과, 그리고 하이데거를 향한 자신의 매혹과도 타협할 수 있었다.

5월에 있었던 일주일간의 방문 이후 하이데거 부인이 보여준 행동에도 불구하고, 아렌트는 유럽을 떠나기 전 하이데거를 한 번 더 만나보고자 했다.

"나는 아마도 보덴호(湖) 근처 어딘가에서, 매우 비밀리에 마틴을 만나게 될 것 같아요."라고 아렌트는 1952년 5월 24일에 블뤼허에게 편지했다. 5월 30일에 그녀는 야스퍼스를 방문 중이던 스위스 바젤에서 편지를 보냈고, 독일을 좀 더 여행한 후 런던과 파리로 갈 것이라고 블뤼허에게 알렸다.

"그 다음에 어떻게 할 것인지는 여전히 모르겠어요. 그것은 프라이부르크에 달려 있어요."

아렌트는 미처 편지를 끝맺지 못하고 바젤 기차역으로 갔고, 기차를 타기 전 "급하게" 덧붙였다. "나는 프라이부르크로 가요."[99]

1952년 6월 5일에 하이데거가 쓴 짧은 편지는 아렌트에게 편지나 방문을 자제해달라고 요청한 것이었다. 하지만 그 편지는 제 시간에 닿지 않았거나 그렇지 않으면 그녀의 출발을 재촉했던 것으로 보인다. 6월 6일에 아렌트는 독일 스투트가르트에서 블뤼허에게 편지했다.

"프라이부르크는 그 숙녀의 주도하에 새로운 국면을 맞이했어요. 난 정말로 뭘 해야 할지 모르겠어요. 하이데거의 강연은 역시 훌륭했어요. 비록 그가 몸이 좋지 않아 잘 읽지 못했지만 말이에요… 나와 함께 강연에 참석했던 그의 아들은 강연이 끝난 후 이렇게 말했어요: 네, 여기 완전히 추상적인 바람이 불어요… 마틴은 내게 깜짝 놀랄 만큼 객관적으로 말했어요. 분명히 그는 아들들이 집을 떠난 후(하이데거의 아들은 각각 31세와 30세였다.)

엘프리데가 그녀의 인생에서 유일하게 의미를 두었던 것을 잃게 되는 순간을 두려워하고 있어요. 엘프리데에게 하이데거는 항상 2순위였고 그래서 그는 평화를 얻을 수 있었지요. 하지만 머잖아 아들들이 집을 떠나기 때문에 이제 상황이 변하게 될 거예요. 이 모든 이야기는 정말 비극이에요. 엘프리데가 그곳 메스키르히에서 무엇을 해야 할지 몰라 하면서 그저 심술궂게 지내는 동안, 타이핑되지 않은 원고가 5만 페이지나 남아 있었어요. 그 오랜 세월 동안 그녀는 편안하게 타이핑할 수 있었을 텐데 말이에요. 물론 그 원고를 구하기에는 이제 너무 늦어버렸어요. 실제로 하이데거의 친구는 오직 한 사람뿐이었어요. 그의 형제인 프리츠였지요.*

가장 눈에 띄었던 건 그 숙녀의 도서관이었는데 나는 그걸 찬찬히 살펴보았어요. 약 100여 권의 책 가운데 게르트루트 보이머(Gertrud Baeumer)** 전집과 쓰레기 더미 같은 책들이 있었어요. 그중 열두어 권의 훌륭한 책이 있었는데 모두 하이데거의 서명이 담긴 선물이었어요. 그러

---

* 하이데거의 형제 프리츠가 모든 원고를 타이핑했다. 엘프리데는 그 일을 하지 않았다. 휴고 오트 제공.

** 게르트루트 보이머는 독일 여성운동을 이끈 대표적인 인물이며, 친 나치 경향의 여성잡지 편집자였고, 대중소설을 집필한 저자이다.

나 그것들이 그리 크게 도움이 된 건 아니었어요. 하이데거가 더 이상 일을 할 수 없을 때 어쩔 수 없이 이런 환경으로 돌아와야 한다고 상상하면, 나는 그저 어지러울 뿐이에요."[100]

이후 런던으로 간 아렌트는 '프라이부르크'에 대한 생각을 멈출 수 없었다. 아렌트의 방문일정은 단축되었고—아마도 하이데거에 의해서였을 것이다. 왜냐하면 하이데거는 아렌트에게 방문을 취소해달라고 요청했기 때문이다—하이데거를 "안정시키려는" 그녀의 목표는 이루어지지 않았으며 그녀는 비참함을 느꼈다. 하이데거가 아들들에 대한 염려를 털어놓은 것은—하이데거가 속마음을 털어놓은 사실은 아렌트를 한없이 감동시켰다—아렌트의 관점에서 본다면 그가 가족들과 소원해졌다는 증거였다. 그러나 실상은 하이데거가 그동안 단 한 번도 그녀에게 사적인 이야기를 꺼낸 적이 없다는 증거일 것이다. 17년 전, 하이데거는 이와 비슷한 고민거리를 엘리자베스 브로흐만과 공유한 적이 있었다. 그러므로 하이데거가 객관적이라는 아렌트의 생각은 전적으로 아렌트의 주관인 셈이었다. 그녀가 내린 결론 역시 마찬가지였다.

아렌트는 엘프리데가 남편을 대신하여 동료들과 학생

들과의 관계를 포함해 모든 결정을 내렸다고 주장했다. 하이데거가 부인 때문에 "문자 그대로 모든 사람들"과 오로지 적대감만을 갖게 되었다는 것이다. 아마 그랬을지도 모른다. 하이데거를 고립시켜 오직 한 사람의 친구만을—그의 아내—갖게 되는 상황을 만든 엘프리데는 그 어느 때보다도 하이데거를 잘 통제할 수 있었다. 그럼에도 불구하고, 강한 의지를 가진 단호한 성격의 하이데거가 아내 엘프리데에 의해 전적으로 조종당했을 것 같지는 않다. 아마도 5년여에 걸친 탈나치화 과정에서 하이데거는 기진맥진했을 것이고 오직 평화롭게 일할 수 있기만을 바랐을 것이다. 이를 위해 그는 아렌트를 포함한 친구들을 기꺼이 맞바꾸는 거래를 했을 것이다.

59세가 된 엘프리데가 비통해했던 건 이해할 만했다. 나치즘의 꿈은 부서졌고 가까운 사람들은 이 세계로부터 추방당했으며, 한때 막강했던 남편은 이제 끊임없이 공격을 막아내야 했다. 또한 아이들은 떠나버렸고, 완고한 유대인 여자가 지평선 너머에서 서서히 모습을 드러내고 있었다. 63세가 된 그녀의 남편은 항상 열렬한 스포츠맨이었으며 훌륭한 몸매를 유지하고 있었다. 그는 창조적이며 인기가 있었고, 남녀 제자들과 신봉자들에게 둘러싸여 있었다. 엘프리데가 하이데거를 처음 만난 이후 늘 그랬던 것처럼, 하이데거는 여성들에게 매료되었고 여성들 역시 그에게 매료되었다.

하이데거는 아렌트의 감정을 휘젓고, 공감을 불러일으키고, 그리고 그녀를 이용하기 위해 게임을 벌일 능력을 충분히 갖추고 있었다. 아렌트는 하이데거가 "스스로 어떻게 행동해야 할지 모르고 있다."고 절망했다.

"이런저런 문제가 터지곤 해서 하이데거는 혼란 속에 빠져 있어요. 지금 그는, 어느 정도는 분노 때문에 몸이 아픈 상태예요. 그리고 나는 다시 프라이부르크로 갈 생각이 없어요."

하이데거가 오지 말아달라고 요청한 사실은 빠트린 채 아렌트는 블뤼허에게 다음과 같이 알렸다.

"내가 할 수 있는 건 아무것도 없어요. 앞으로 다가올 몇 년 동안 내가 그를 조금이나마 안정시킬 수 있을지, 잘 모르겠어요. 난 노력해왔어요. 어떤 경우이건 하이데거에게는 평화가 필요해요. 그런데 엘프리데는 하이데거를 평화롭게 내버려두지 않아요. 내가 주변에 있을 때에는 확실히 그랬어요…. 이것이 우리 사이에 뭔가 변했다는 걸 의미하지는 않아요. 이건 이제 정말 요원한 일처럼 보여요."[101]

그러나 아렌트는 잘못 알고 있었다. 블뤼허는 다음과

같이 답장했다.

"하이데거에 관한 이야기는 끔찍해요, 정말 끔찍해요… 그러나 이제 걱정하지 말아요. 하이데거의 창조성은 결코 사라지지 않을 거예요…. 이 모든 일에도 불구하고, 그는 괜찮을 거예요. 하이데거는 단지 원고 작업을 해줄 어린 소녀가 필요할 뿐이에요. 어린 소녀, 혹은 젊은 숙녀는 결국 나타나게 될 거예요."

블뤼허는 반은 농담으로, 아마도 그렇게 믿으면서, 그러한 동반자를 철학자가 싫어하지는 않을 것이라고 제대로 추측했다.[102]

아렌트는 블뤼허의 답장이 그다지 유쾌하지 않았다. 블뤼허의 어조도 그의 익살스러운 제안도 반갑지 않았다. 어린 소녀는 하이데거를 위해 마지막까지 보류하고 싶었던 요법이었다. 정신적 삶에는 육체의 문제가 끼어들 자리가 없다고 그녀는 확신했다. "어린"이란 단어는 노골적인 모욕처럼 들렸다. 화가 난 그녀는 다음과 같이 응수했다.

"사실, 적어도 당분간은 마틴에게 '끔찍한' 일은 아무것도 없을 거예요. 단지 슬플 뿐이죠. 아무것도 변하지 않았고, 앞으로도 변하지 않을 거예요."

아렌트는 스스로를 안심시키기 위해 그녀와 하이데거

사이에 아무것도 변하지 않을 거라고 반복해서 말했다. 하지만 그녀는 이미 자신의 예상이 확실치 않다는 것을 감지하고 있었다.

 "항상 너무나 두려워, 라고 마틴은 강연 전에 원고를 손에 쥐고 상당히 기가 죽은 채 내게 말했어요."

 하이데거의 이런 이미지는 거리낌 없는 그의 솔직함을 보여주는 증거인 동시에 아렌트를 향한 지속적인 신뢰를 나타내는 또 하나의 확인이었다. 아렌트는 남편이 이러한 점을 인정하리라는 걸 알고 있었다. 또한 그녀는 경험 많은 선생들조차 무대공포증에 시달린다는 사실을 언급함으로써 블뤼허를 안심시키고자 했다 — 블뤼허는 당시 뉴스쿨 대학에서 새롭게 강의할 두 개의 강좌를 준비하느라 공황 상태에 빠져 있었다.

 하이데거의 명예가 훼손된 사실은 아렌트를 끊임없이 괴롭혔다. 6월 20일에 그녀는 뮌헨에서 블뤼허에게 다음과 같이 편지했다.

 "독일에서 하이데거라는 이름이 학술계나 다른 분야에서 일종의 '욕설'이 된 것처럼 보인다고 알프레트 (Alfred Kazin)가 아주 순진하게 말해주었을 때, 난 정말 괴로웠어요."

 아렌트는 편지를 이어갔다.

"나는 아무것도 바꿀 수 없어요. 하이데거는 완전히 자포자기한 상태로 편지 한 통도 쓸 수 없기 때문에, 아내가 모든 일을 처리하고 각종 서류에 서명하도록 내버려두고 있어요."[103]

하이데거가 그렇게 했던 이유가 아내의 판단을 신뢰했기 때문이라거나 몇몇 일처리를 그녀에게 위임하는 게 편리했기 때문이라는 생각은 아렌트에게 떠오르지 않았다. 엘프리데에 대한 아렌트의 경멸은 끝이 없었다. 더욱이 아내로서 엘프리데가 차지하는 특권은 분명 아렌트의 신경을 거슬리게 했을 것이다.

아마도 하이데거는 예전 습관처럼 단지 아렌트의 동감을 불러일으켜 모든 책임에서 벗어나려고 했거나, 아니면 두 여성을 동시에 자신의 편에 둔 채 그들이 서로 맞붙어 겨루기를 원했는지 모른다. 아렌트가 『전체주의의 기원』을 출간한 뒤인 1952년에 아렌트의 명성은 높아졌고, 하이데거는 아렌트의 유명세가 유감스러운 만큼이나 아렌트의 유용성이 높아졌다는 사실을 인식했다. 그래서 하이데거는 아렌트를 끌어들이기 위해 달콤한 미끼를 던져주곤 했다.

블뤼허는 아렌트가 내세운 가설, 즉 하이데거의 주변 사람들이 하이데거와 반목하는 것은 오로지 엘프리데의 잘못 때문이라는 아내의 말을 액면 그대로 믿지 않았다. 아렌트는 블뤼허에게 다음과 같은 사실을 알린 적이 있다. 즉 1936년에 로마에서 하이데거 부부를 만난 적이 있었던 칼 뢰비트 교수가 옛 스승인 하이데거를 방문했고 "신뢰감을 가졌는데 도중에 몇몇 단어들이 튀어나와 다시 모든 것을 망쳐버렸다."는 것이었다. "물론 결정적인 발언을 하는 사람은 으레 그렇듯 역시 하이데거 부인이었어요."라고 아렌트는 덧붙였다.

뢰비트에게 그랬던 것처럼, 아렌트는 엘프리데를 향해 적대감을 주입시키려 한 것이다. 엘프리데의 개입 때문이 아니라 뢰비트가 하이데거의 역사관을 비판했고, 이러한 비판이 다툼을 유발했던 것이 확실해 보인다. 뢰비트의 배신 때문에 "하이데거는 심하게 상처받았어요."라고 아렌트는 썼다.[104]

"나를 오해하지 말아요. 뢰비트에 관해서는 당신에게 전적으로 동의해요." 하고 블뤼허는 답장했다. "만약 누군가 스승을 뛰어넘지 못한 제자로 남아 있다면, 그 제자는 스승의 통역사 행세를 해서는 안 돼요. 그리고 직접 돌을 들어 그 스승을 공격하면 안 돼요. 그러나 그 스승은 자신의 학생들 특히 유대인 학생들의 정상적인 진로를 방해했고, 그래서 모든 것이 망가졌어요."[105]

독일 방문을 마친 아렌트는 영국을 여행하게 되었다. 하이데거의 상황은 여전히 염려스러웠지만 이제 그녀는 어느 정도의 균형감을 갖게 되었다.

"하이데거의 문제에 있어서 그의 아내뿐만이 아니라 그의 아들들, 그리고 그 자신"이 책임이 있다고 아렌트는 6월 말경 맨체스터에서 블뤼허에게 편지했다. 하이데거의 문제에서 그 자신도 책임이 있다고 인정한 것은 그의 인생에서 잘못된 '모든 것'이 전적으로 아내 탓이라고 했던 예전의 견해와는 매우 달라진 것이었다.

"이번에 그는 나와 자주 이야기했고 거의 불평하듯 말했어요.(이전에는 한 번도 그런 적이 없었어요.) 하이데거는 상황을 있는 그대로 바라봤지만, 오직 내가 중간에 있을 때에만 그렇게 하는 게 분명해요 — 마치 연못 속의 한 마리 어린 잉어처럼요."[106]

아렌트는 자신의 존재로 인해 하이데거가 그의 가정사 문제를 어떤 식으로든 명확하게 했다고 가정했다. 그러나 그녀가 정확하게 무엇을 의미했는지는 분명하지 않다.

아렌트가 생각하기에 영국은 "지구상에서 영어를 사용하는 국가 중 가장 '문명화된' 나라인 동시에 가장 지루한 나라"였다. 영국여행은 프라이부르크에서 곤두섰던 아렌트의 신경을 진정시켜주었다.

"캠브리지는 꿈이에요."라고 아렌트는 블뤼허에게 편지했다. "또한 영국의 모든 것과 마찬가지로 매우, 매우 독특해요. 이곳에서는 누구든 아주 흥미롭고 양식 있는 대화를 나눌 수 있어요. 난 즐거워요."[107]

영국에서 아렌트는 강의를 했고 관광과 쇼핑도 했다—자신과 블뤼허를 위해 아름다운 스웨터와 풀오버를 사는 데 수없이 많은 돈을 썼고, 이 점에 대해 약간 초조해했다—그러나 아렌트가 진정으로 원했던 것은 남편인 블뤼허에게로 돌아가는 것이었다.

"머잖아 나는 다시 당신과 함께 있게 될 거예요. 바로 내가 속한 곳이지요."[108]

아렌트가 하이데거에게 얼마나 사로잡혀 있든지 간에—블뤼허는 그를 "전설의 마틴"이라고 불렀다—하이데거와 그의 일에 얼마나 관여하고 있든지 간에 블뤼허는 바로 아렌트가 속한 곳이었다.[109] 개인적이고 공적인 일로 하이데거의 문제와 뒤얽히는 것, 엘프리데의 감시망, 파멸이 임박한 듯한 분위기 등은 아렌트를 초조하고 지치게 만들었다.

블뤼허는 그런 아렌트의 유일한 안식처였다. 블뤼허로부터 오래 떨어져 있을수록 그리고 하이데거가 겪는 시련 때문에 그녀의 괴로움이 깊어질수록 그녀는 남편이 제공하는 안정감을 더욱 그리워했다. 블뤼허는 무더운 뉴욕에서 답장을 보냈고 하이데거가 아내를 비참하게 만들었다고 썼다.(아렌트는 블뤼허에게 에어컨을 사라고 간청했고, 이는 여러 편지에 반복해서 등장한 주제였다. 블뤼허는 에어컨 가격이 너무 비싸다고 그녀에게 말했다.) 그러나 블뤼허는 아렌트가 모든 상황을 즐길 수 있다는 것을 알고 있었다. 그것은 아렌트의 지칠 줄 모르는 힘 때문이 아니라 그녀가 지닌 활기 있고 쾌활한 천성 때문이었다.

7월 중순, 독일로 다시 돌아온 아렌트는 '테러와 이데올로기'라는 주제로 강연을 했다. 그 강연은 거의 30여 년 전에 하이데거를 만났던 마부르크 대학과 아스퍼스의 박사과정 학생으로 있었던 하이델베르크 대학에서 이루어졌다.

"마부르크는 지적으로 완전히 죽었어요."라고 그녀는 블뤼허에게 편지했다. 특히 아렌트는 하이데거가 남긴 지적 유산의 운명에 대해 개탄하고 걱정했다―"즉 그가 걱정돼요."라고 그녀는 설명했다―"하이데거의 명성이 하나의 유행으로 자리잡는 것에 대해서요."[110]

하이델베르크 대학의 "사이비 지성주의"는 단지 조금 더 나을 뿐이었다. 강의 수준은 부끄러울 정도로 낮

왔고 "나약한 정신의" 교수들은 "형이상학은 완전히 불필요하다."는 것에 동의했으며 전체적인 대학 분위기는 당파적이고 배타적이었다.

"그것은 끔찍한 마녀의 장난이에요. 이것이 내가 염려할 바가 아니라는 점이 행복할 따름이에요."[111]

아렌트는 뉴욕으로 돌아오자마자 실추된 하이데거의 이미지를 복구하기 시작했다. 그리고 그녀의 그러한 행동은 바로 하이데거가 예상했던 바였다. 1952년 8월 23일, 아렌트는 유대계 가톨릭 성직자 존 외스터라히어(John M. Oesterreicher) 신부에게 "하이데거에 대한 진술을 수정하기 위해" 편지를 썼다. 아이러니컬하게도 아렌트는 그녀의 이전 진술을 철회했지만 하이데거는 그렇게 하지 않았다.

"이 진술과 이와 비슷한 수많은 공격은 소문에 근거를 두고 있어요. 이러한 소문은 수년 동안 일관되게 지속되고 있어서 마치 믿을 만한 정보처럼 여겨지고 있습니다."라고 아렌트는 설명했다. 1948년에 야스퍼스가 아렌트에게 설명했던 것처럼 그녀는 하이데거가 총장으로서 서명했던 그 '회보'는 "그 대학의 모든 유대인 교수들에게 … 후설에게 개인적으로가 … 아니다."라고 해명했다. 또한 아렌트는 다음과 같이 해명했다. "전쟁 중 어느 시기에"(1941년에) 하이데거가 『존재와 시간』을 재출간하면서 후설에게 헌정했던 부분을 삭제하는 일에 동의했지만, "그러나 그때는 이미 공공연한 테러의 시대였고, 강력한 압박하에 그렇게 했다는 것을 하이데거가 증명할 수 있다고 생각해요.* 그러나 그때도 하이데거는 후설의 저작이 언급된 각주를 삭제하는 정도까지는 굴복하지 않았어요." 아렌트는 외스터라히어가 올바른 맥락에서 사실을 파악해주기를 원했다.

"후설과 하이데거의 관계는 1933년 이전에 매우 악화되어 있었어요. 그러므로 1933년의 사건들 때문에 하이데거가 후설과 절연했다고 말할 수는 없습니다."[112]

이 모든 것은, 어느 정도까지는 사실이었다. 하이데거는 순전히 인간적인 조건 때문에 후설을 저버렸던 것이다. 1933년 이전에 그랬던 것처럼 당시 하이데거가 철학적인 이유로 후설과 의견충돌이 있었던 것은 아니었다. 하이데거는 후설이 유대인으로 박해받고 있을 때 연락을 끊어버린 것이고, 보란 듯이 그의 장례식에 참석하지 않았으며, 부인인 말비나 후설(Malvina Husserl)에게 위로의 말을 전하지 않았다.(엘프리데는 두 사람 모두에게 위로의 편

* "존경과 우정을 담아 에드먼드 후설에게 헌정함. 토트나우베르그, 블랙 포리스트, 1926년 4월 8일"

지를 썼다.) 하이데거가 실제로 출판사의 "강력한 압박하에" 후설에 대한 헌정을 삭제했을지도 모른다. 그러나 더 위험한 어떤 기관으로부터 압박을 받은 건 아니었다는 점은 언급되어야 한다. 또한 하이데거는 "공공연한 테러"의 희생자가 되지 않고, 『존재와 시간』의 재출간을 포기할 수도 있었을 것이다.

하이데거는 1920년대에 아렌트에게 쓴 편지에서 후설에 대해 자주 언급했고, 후설에게 한결같이 존경과 감사를 표했다. 당시 아렌트는 야스퍼스가 그랬던 것처럼, 다음과 같은 사실을 알고 있었다. 즉 하이데거가 후설의 집을 자주 찾는 방문객이었고, 두 철학자가 직업적인 관계 이상으로 결속되어 있었으며, 후설이 자신을 계승할 교수직에 하이데거를 천거했고, 교수직 임용과정에서 대단히 중요한 역할을 했다는 것이었다. 후설에 대한 하이데거의 행동 때문에 아렌트와 야스퍼스가 겪은 정서적 갈등은 아렌트가 겪었던 견해의 변화, 즉 하이데거를 후설의 잠재적 살인자라고 불렀던 1946년의 편지와 외스터라히어 신부에게 보낸 1952년 편지 사이의 변화에서 명백하게 드러난다. 또한 야스퍼스 역시 하이데거, 그 권력의 남자에 관한 실상을 20여 년 동안이나 아렌트에게 알리지 않았다.

아렌트가 야스퍼스의 학생이 된 이후, 야스퍼스는 아렌트를 성장시킨 권위자 역할을 했다.

"제가 학생이었을 때 당신은 저를 성장시킨 유일한 사람이었어요."[113]

성인이 된 이후 아렌트는 야스퍼스를 스승인 동시에 믿을 수 있고 현명한 친구로 여기며 존경했다. 야스퍼스는 아렌트가 견해를 받아들이고, 그녀에게 엄청난 무게로 영향력을 행사한 극소수 사람들 중 한 사람이었다. 야스퍼스가 하이데거와 반목하지 않았더라면 야스퍼스는 아렌트 사후에야 출판된 내용을 그녀에게 미리 말해주었을지도 모른다. 즉 하이데거가 자신을 배신한 친구였다는 사실에 관해서이다.* 그러나 야스퍼스는 침묵을 선택했는데 아마도 하이데거가 적어도 친구 한 사람은—한나 아렌트—가질 자격이 있다고 믿었던 것 같다. 그리고 아렌트는 하이데거의 무죄를 밝히는 편지를 작성함으로써 이러한 역할을 충족시켰다.

---

* 하이데거에 관하여 야스퍼스는 다음과 같이 메모했다. "그는 내 친구들 중에서 1933년에 나와 의견을 달리했던 유일한 사람이며 나를 배신했던 유일한 사람이다." Hans Saner, ed., *Karl Jaspers Notizen zu Martin Heidegger*, p.92. 또한 야스퍼스는 자서전에서 다음과 같이 언급했다. "그는 내가 자리를 비운 사이에 즉시 나를 배신할 친구처럼 보였다." Jaspers, *Philosophische Autobiographie*, p.97.

아렌트가 "야스퍼스와 하이데거"의 "사이"라고 했던 하이데거의 예측은 옳은 것이었다.

11

폭풍과도 같았던 1952년은 12월에 하이데거가 쓴 짧은 편지와 함께 마감되었다. 편지에서 하이데거는 사진을 보내줘서 고맙다고 언급했다. 연애 시절 하이데거는 아렌트에게 종종 사진을 요청하곤 했다. 그는 시간의 경과에도 불구하고 두 사람이 크게 변하지 않았다고 말하는 것일까?

그러나 두 사람은 달라졌다. 1953년에 아렌트는 하이데거로부터 한 통의 편지를 받았지만 그에게 답장을 보내지 않았다.* 간간히 오간 생일축하 인사나 새해인사를

---

* 아렌트는 하이데거의 편지를 신중하게 보관했다. 1920년대와 30년대에 아렌트는 자신이 하이데거에게 보낸 편지의 복사본을 몇 개만 간직했는데 세계대전 이후에는 하이데거에게 보냈던 편지의 복사본을 대부분 간직하고 있었다.

제외하면 서로 사적인 연락 없이 몇 년이 흘러가기도 했다.

두 사람 간에 보다 활발한 서신왕래를 이끌어낸 건 하이데거의 저서를 미국에서 번역하고 출판하는 공적인 일이었다. 그러다가 하이데거는 아내에 대해, 부부가 함께 즐겼던 휴가에 대해, 아내의 건강 상태에 대해, 그리고 자신의 삶을 편안하게 만들기 위한 아내의 노력 등에 대해 자세하게 쓰곤 했다. 하이데거는 유럽의 상황을 통탄했다. 하이데거가 생각하기에 사실상 유럽은 더 이상 존재하지 않았다. 그동안 자신이 맞서 싸워온 악의 세력들, 니힐리즘, 그리고 기술이 결국에는 널리 퍼졌고 유럽은 바야흐로 빈사상태에 빠진 것이었다. 유럽의 쇠퇴를 되돌릴 수 있었던 유일한 나라, 유일한 이데올로기였던 독일과 국가사회주의는 결국 실패하고 말았다.

아렌트는 번역작업을 훌륭하게 감독했고 때때로 하이데거로부터 과도하게 칭찬받음으로써 보상을 받았다. 하이데거는 아렌트의 언어적 재능과 사유 능력과 이해력을 칭찬했는데, 이러한 기량은 자신의 제자로서 마땅히 갖추어야 할 덕목들이었다. 하이데거는 형식적인 몇 마디 말로 아렌트의 작업에 대해 질문한 뒤, 곧바로 자신의 작업에 관한 기나긴 설명으로 화제를 옮겼다. 심지어 엘프리데 하이데거조차 남편의 일에 전념하는 아렌트를 기쁘게 여겼으며, 아렌트는 일종의 온 가족의 친구라는 지위를 부여받았다.

독일의 한 서점에서 하이데거의 저서 여섯 권을 아렌트에게 우편으로 발송했는데 그중 한 권은 프랑스어판이었다. 아렌트는 즉시 하이데거의 "훌륭한 편지"에 답장을 보냈다. 사실 하이데거의 그 편지는 아렌트의 안부를 묻는 한 문장을 제외하고는 모두 자신과 자신의 저서에 관한 내용으로 채워진 것이었다.

아렌트는 "당신이 이보다 더 큰 기쁨을 제게 줄 수는 없을 거예요."라고 답장했다. 그녀는 하이데거가 오랜 침묵을 깬 사실을 기뻐했던 것이 분명하다. 아렌트는 사실 하이데거가 자신에게 관심이 있어서가 아니라 예의상 그녀의 작업에 대해 물었음을 알고 있었던 것이 분명해 보인다. 그럼에도 불구하고 그녀는 지난 삼 년 동안 다음 세 가지 주제에 관해 연구해왔다고 성실하게 답변했다. 즉 "젊은 시절에 당신에게 배운 바가 없었더라면… 내가 할 수 없었던" 일과 노동으로 구분되는 행위와 말의 관계, "당신의 해석 속에서의" 철학과 정치, 그리고 권위의 문제였다.[114] 하이데거의 편지는 적어도 아렌트가 그에게 찬사를 보낼 수 있는 기회와(아렌트는 하이데거가 그것에 얼마나 목말라 하고 있는지 알고 있었다.) 두 사람의 과거에 대해 언급할 수 있는 기회를 준 것이었다.

1955년 가을, 아렌트는 예전처럼 유럽 여행 도중에 독일을 방문했다. 그해 초, 아렌트는 하이데거가 자신을 멀리하고 있다고 의심했다. "하이데거로부터 소식이 한 줄도 없어요."라고 그녀는 봄 학기 동안 정치이론을 강의하게 된 버클리 대학에서 블뤼허에게 편지했다.

"몇 달 전 내가 소식을 보냈는데도 말이에요. 무슨 일이 생긴 건지 전혀 알 수가 없네요. 내가 유럽을 방문할 거라고 하이데거에게 알리지 않았는데 그때는 일정이 확실치 않아서였어요. 무엇이 그를 불쾌하게 했는지, 아니면 어떤 새로운 의심이 생겼는지, 난 모르겠어요. 나로서는 어쩔 수 없어요.(마지막 문장은 영어로 썼다.) 아마도 하이데거는 그저 일 때문에 바쁜 건지도 모르겠어요."[115]

나중에 아렌트는 하이데거를 불쾌하게 한 것이 곧 출간될 『전체주의의 기원』의 독일어 번역본 때문이라는 것을 차츰 깨달았다. 아렌트의 현재 명성에 따라서 독일에서 그 저서에 대한 대대적인 사전광고가 있었고, 하이데거로서는 이 사실을 주목하지 않을 수 없었던 것이다.

독일에 도착하자 아렌트는 또다시 마음이 괴로웠다.

"내가 무엇을 하게 될지 아직 모르겠지만 하이데거를

만나러 갈 것 같지는 않아요." 하고 아렌트는 11월 14일에 블뤼허에게 편지했다.

"내 책이 곧 출간된다는 사실이… 최악의 가능성을 만들어내고 있어요. 하이데거는 내가 독일에 있다는 사실을 모르지만, 어쨌든 그가 나를 만나는 일에 특별한 관심을 갖고 있지 않다는 인상을 받았어요. 그 이유는 편지 글 위쪽을 보세요… 당분간 풀이 조금 자라도록 모든 걸 그대로 내버려둬야 한다는 생각이 들어요… 당신도 알다시피, 이제부터 나는 마치 하이데거에게 한 번도 편지를 쓴 적이 없고, 앞으로도 쓰지 않을 것처럼 행동하려고 해요. 내 행동은 어쩔 수 없는 필수불가결한 조건이에요. … 내가 애써 힘들게 노력하면 하이데거를 만나볼 수는 있겠지만, 지금은 그럴 기분이 아니에요."

아렌트는 독일에서 강연할 원고를 손질하는 중이었고, 이번만은 하이데거보다 자신의 일을 더 우위에 놓게 되기를 간절히 바랐다. 아렌트가 마부르크를 떠난 후 새로운 연인을 만들고 귄터 스턴과 결혼했을 때 그랬던 것처럼, 그녀는 자신을 보호하기 위한 방법을 찾는 중이었다. 이제 그녀는 자신의 저서와 직업상의 의무에 의지해보는 것이었다. 그러나 그것은 딱히 성공적이지 못했다.

"요점을 말하겠어요. 나는 30년 전에 했던 똑같은 일을 하려는 찰나에 놓여 있고, 어쩐 일인지 그것을 바꿀 수가 없어요. 설명: 이미 시작된 법칙을 따르기."[116]

이와 같은 아렌트의 인정은 바로 하이데거와의 오랜 관계를 간단명료하게 표현한 것이었다. 아렌트는 이제 마흔여섯이 되었고, 열여덟 살의 학생에게 그랬던 것처럼 하이데거는 그녀에게 더 이상 수수께끼가 아니었다. 그러나 아렌트는 하이데거의 마법에 저항할 수 없었다. 아렌트의 무력함은 그녀 스스로를 당황하고 불안하게 만들었는데, 왜냐하면 자신의 건강한 본능과 상충되었기 때문이었다. 아렌트는 하이데거를 향해 눈빛을 반짝거리는 학생 역할을 할 수 있었지만, 자신의 존엄이 위험에 처해 있었기 때문에 그것을 거부했다. 그녀는 남편에게 도움을 청했다.

"하이데거의 일에 관한 당신의 감정이 딱히 옳다고는 생각되지 않아요."라고 블뤼허는 답장했다. "아렌트 당신이 그곳에 있다는 사실을 알리지도 않은 채 독일을 떠난다는 것은 매우 가혹하다고 여겨져요. 나는 전혀 이해가 안 돼요."[117] 사실상 블뤼허는 아렌트가 처한 딜레마의 깊이, 즉 그녀가 또다시 하이데거와 엘프리데 두 사람 모두에게 모욕당하고 조종당할지도 모르며, 30년 전에 그랬던 것처럼 종속적인 위치에 놓일지도 모른다는 두려움에 대해 이해하지 못했다. 블뤼허가 지닌 그 모든 감수성에도 불구하고, 스스로 자초한 사랑의 고통에 대해 그가 너무나 몰랐고 이해할 수 없었다는 건 실로 절망적인 일이었다.

비록 나치즘으로 인해 명성이 손상되기는 했지만 하이데거는 저명한 철학자였다. 그래서 블뤼허는 뉴욕의 뉴스쿨 대학에 하이데거의 초청 기간을 연장해줄 것을 요청했다. 블뤼허는 자신이 아렌트에게 요구했던 지적 파트너라는 역할을 하이데거에게도 똑같이 적용했고, 아렌트의 고뇌를 실천력이 부족한 탓이라고 잘못 간주했다.

아렌트는 이성이 요구하는 것과 그녀가 인지하는 것 사이에서 갈등했다. 그녀는 하이데거의 권력으로부터 해방되고 구속을 끝내고 싶어 했지만, 그와의 유대 관계는 유지하고자 했다. 즉 아렌트는 하이데거와 우정(아마도 사랑)을 유지하기를 원했다. 어린아이였을 때 아렌트는 엄청난 노력을 기울여 어머니의 사랑을 얻고자 했고, 매독으로 일그러진 아버지의 외모에 자신의 감정이 영향을 받지 않는 것처럼 가장했다. 이제 그녀는 하이데거의 애정을 붙잡아두기 위해 마치 자신이 학자가 아닌 것처럼 가장했다. 한때 그녀의 독립성과 맞바꾸도록 했던 불안과 사랑받고 싶다는 욕구는, 다섯 살 어린아이에게 그랬던 것처럼 오십 세의 여성에게도 현실적인 것이었다. 하이데거의 측근 역할을 유지하기 위해 아렌트는 기꺼이 자신의 정신과 업적을 부인하고자 했다. 그러나 하이데거에게는 그것만으로 충분하지 않다는 것을 그녀는 알고 있었다. 하이데거는 과거에 아렌트가 그랬던 것처럼 그녀가 자신에게 전적으로 의존해주기를 원했다. 서로 상충되는 감정으로 괴로워하면서 아렌트는 갈팡질팡했다.

"어쩐 일인지 그것을 바꿀 수가 없어요."

블뤼허의 책망과 오해에 상처받은 아렌트는 마지못해 가장 최근의 몇 가지 사실을 밝혔다.

"여보, 하이데거에 관해서는 내가 간략하게 설명한 것처럼 모든 게 그렇게 간단한 것이 아니에요. 내가 하이데거를 만나러 가지 않았던 건, 그와 나 사이의 암묵적 동의 같은 것이었어요."라고 아렌트는 썼다. 이제 그녀는 비통한 심정의 일부를 드러냈다.

내가 버클리 대학으로 간 이후 사실은 하이데거로부터 소식을 들은 적이 없어요. 해마다 그랬던 것처럼 이번에도 나는 그리스에서 생일카드를 보냈고 내 주소도 함께 적어 보냈어요. 그러나 하이데거는 심지어 내 생일에도 편지를 보내지 않았어요. 당신 보았죠? … 내가 독일에 올 거라는 사실을 그는 손쉽게 알아낼 수 있었어요. 그렇지 않나요? 이유는 분명해요. 한편으로는 내 저서와 교수직 때문이고(당연히 독일에서 내 책이 널리 출판되었어요.) 또 다른 이유는 프라이부르크의 상황 때문일 거예요. 내가 그곳에 가지 않아도 하이데거는 내가 어떻게 생각하는지 이미 알고 있어요. 이번 학기에 그는 한 시간짜리 강의들을 맡았고, 내가 방문하면 엄청난 방해가 될 거라고 생각하는 것 같아요. 아마 그렇게 될 수도 있을 거예요. 그가 프라이부르크의 외부 모임에서 강연을 하는 것은 분명해 보여요. 이것이 유일한 가능성이에요. 나는 이 모든 것에 대처할 수 있고 그저 그곳에 있다가 떠나면 그걸로 그만이에요. 그러나 지금은 그렇게 할 수 없어요. 왜냐하면 나 자신의 일로 마음이 온통 가득 차 있고, 하이데거는 그 사실을 오 분 내에 알아차릴 거니까요.

그러나 아렌트를 망설이게 한 것은 일에 전념했기 때문이라기보다는 자신의 관심이 부족하다는 사실을 하이데거가 즉시 간파할 거라는 염려 때문이었다. 아렌트는 다음과 같은 질문으로 편지를 맺었다.

"그러니 당신이 어떻게 생각하는지 내게 알려주세요."[118]

이번에는 블뤼허도 이해했다. 그는 아렌트의 젊은 시절로 거슬러 올라가는 깊게 봉인된 두려움이 아니라, 사실 그 자체를 다룰 수 있었다.

"만약 하이데거가 당신에게 전혀 응답하지 않았다면 그 상황에 대한 당신의 판단은 분명 옳은 것이고, 당신이 할 수 있는 일은 더 이상 아무것도 없어요. 한 사람은 고뇌하고 있고 한 사람은 둔감하네요."[119]

독일에서 신문을 읽는 다른 모든 사람들처럼, 하이데거 역시 아렌트가 독일에 왔다는 사실을 알고 있었다. 하이데거는 단지 그녀와의 만남을 원치 않았을 뿐이었다. 아렌트의 저서는 각 서점에 눈에 띄게 진열되었고 특히 대학중심의 도시에서는 더욱 그러했다. 그녀의 강연은 독일 각지에서 청중을 불러 모았고, 그녀가 허용한 인터뷰는 언론에 훌륭하게 보도되었다. 한나 아렌트는 돌아온 탕아로서가 아니라 자랑스러운 유대인 여성으로서(그녀는 강연과 인터뷰와 공식 행보가 있을 때마다 자신이 유대인이라는 사실을 강조했다.) 독일에서 하나의 센세이션이 되었고, 자신을 고국에서 추방시킨 국민들에게 하나의 도전

이 되었다.

　그러나 하이데거가 아렌트를 피한 데에는 훨씬 깊고 근본적인 이유가 있었던 것으로 보인다. 하이데거로서는 아렌트의 저서 『전체주의의 기원』의 주요 개념이 매우 불쾌하게 다가왔다. 설상가상으로 그 저서는 자신의 제자이자 여성의 것이었고, 하이데거는 그 여성이 여전히 지적으로 자신에게 의존하고 있다고 생각했을 것이다. 아렌트는 『전체주의의 기원』에서 하이데거가 찬미한 독일 국가사회주의와 그가 증오한 공산주의가 동일한 기원을 가졌다고 간주했다. 하이데거로서 더욱 불쾌했던 건 그녀가 하이데거 논리의 주요 방어선을 약화시킨 점이었다. 즉 독일 국가사회주의와 공산주의를 동일하게 간주함으로써 "공산주의의 위험으로부터 서구문명을 구하려는"[120] 하이데거의 의도에 의문을 제기한 것이다.

　이제 아렌트에게는 다음과 같은 사실이 명백해졌을 것이다. 즉 아렌트가 믿었던 것처럼 하이데거를 "안정시키고", 그가 속마음을 털어놓고 영감을 받을 정도로 하이데거가 그녀를 절박하게 필요로 하지 않는다는 사실이었다. 하이데거가 자택 이외의 장소에서 아렌트를 만나는 데 동의했다는 증거는 그 어디에도 없다. 아렌트가 1952년에 표현했던 "우리 사이에 변한 것은" 아무것도 없고, 어떠한 변화도 "더 이상 일어날 것 같지 않다."던 확고한 신념은 결국 세월의 시험대를 견디지 못했다.

하이데거의 오랜 친구인 엘리자베스 브로흐만이 기질적으로는 오히려 아렌트보다 하이데거와 더 맞았던 것으로 보인다. 다른 나라에서는 그렇게 하지 않았지만, 독일에서 아렌트는 기회가 될 때마다 자신이 유대인이라는 사실을 강조했다. 반면, 양친 중 한 사람이 유대인인 브로흐만은 자신을 완벽한 독일인으로 간주했다. 1933년에 브로흐만은 할레에 위치한 교육아카데미의 교육학 교수로 재직 중이었는데, 당시 대학 총장이었던 하이데거에게 연줄을 이용하여 자신이 독일에 머무르며 "어떤 방식으로든 독일의 사업"에 참여할 수 있도록 해달라고 부탁했다.[121] 같은 시기에 아렌트는 유대인들에 관한 하이데거의 태도에 대해 질문을 던지며 그를 귀찮게 했다.

하이데거가 적극적으로 나서지 않자 브로흐만은 결국 영국으로 망명했다. 1952년, 브로흐만은 독일로 돌아왔고 마부르크 대학의 교육학 교수가 되었다. 하이데거와 브로흐만은 서신왕래를 재개했다. 하이데거는 브로흐만에게 자신의 저서를 선물했고, 그녀는 사진들을 보내주었다. "엘프리데가 당신의 사랑스러운 편지를 내게 가져다주었어요."라고 1955년 11월 2일에 하이데거는 그녀에게 편지했다. 그때는 바로 아렌트가 하이데거로부터 글 한 줄이라도 받기를 바라며 초조하게 기다리던 시기였다. "당신의 사진들은 내게 매우 특별한 기쁨을 주었어요."[122]

일 년 전, 하이데거는 칼 뢰비트에 관한 견해를 브로흐만과 공유했다. "뢰비트는 그리스 철학에 대해 개념이 없더군요."라고 하이데거는 옛 제자에 관해 언급했다. "뢰비트는 사유에 관해서도 역시 개념이 없어요. 아마 사유하는 걸 싫어하는 것 같아요. 나는 뢰비트만큼 배타적인 억울함과 '안티' 속에서 살아가는 사람을 본 적이 없어요."

하이데거는 이어서 뢰비트가 마부르크에서 "가장 극단적인 맑스주의자"였고, 『존재와 시간』을 "위장된 신학"이라고도 했다가 "완전한 무신론"이라고도 간주했다고 언급했다. 하이데거는 브로흐만에게 알리기를, "비록 내가 1930년대에 이탈리아와 일본에 뢰비트를 추천해서 도와주었다고 하더라도"[123] 뢰비트는 하이데거가 언급하지 않았으면 하는 일들에 대해 죄책감을 가졌다는 것이었다.

엘리자베스 브로흐만은 하이데거와 논쟁을 할 수도 없었고 하려고 시도도 하지 않은 무비판적인 청취자였

고, 아렌트 역시 마찬가지였을 것이다. 실제로 브로흐만
이 하이데거를 감히 솔직하게 대했던 유일한 시기는 사
망 직전인 1969년에 이르러서였다.

"나는 '사유의 문제'를 대면하고 다소 무기력해졌어요.
이 모든 것이 내 상식으로는 낯설어요. 비록 당신을 실망
시키게 되더라도, 친애하는 마틴, 이번에는 이걸 말해야
만 하겠어요. … 인생의 문제들을 바라보는 나의 방식은
미안하지만, … 당신의 철학적 관점과 너무나 동떨어져
있기 때문에 우리는 단지 제한적이고 가치 있는 영역에
서만 공통된 언어를 갖고 있어요.[124]

간혹 정치적 과거를 공격당하기는 했지만 1955년에
이르러 하이데거는 다시 예전의 권위를 되찾을 수 있었
다. 5년 전, 하이데거는 자신의 말을 들어주고, 무죄를
선언해주고, 명성 회복에 도움을 줄 아렌트가 필요했다.
그러나 이제는 1950년의 만남과 참회자로서의 자신의
위치를 상기시킬 뿐인 아렌트의 존재를 원치 않는 것처
럼 보였다. 모든 것은 과거에 속한 일이었고, 하이데거로
서는 그것을 다시 상기할 이유가 없었다. 아렌트와 야스
퍼스의 우정도 하이데거를 계속 거슬리게 했다. 그리고
무엇보다도 아내가 화내는 걸 감수할 만큼 모든 게 더
이상 가치 있는 일이 아니었다. 하이데거의 행동은 아렌

트를 괴롭혔지만 아렌트 역시 거리감을 유지했다. 아렌트는 감정을 드러내지 않고 블뤼허에게 다음과 같이 보고했다.

"놀랍게도 모든 고전이 다시 부활하는 것을 제외하면, 독일에서는 지적으로 특별히 진행되는 것이 없어요. 그밖에는 아직도 여전히 하이데거뿐이에요. 그러나 이것도 하이데거의 철학을 순전히 말도 안 되는 방법으로 제시하거나, 아니면 전혀 개연성 없이 모방한다는 점에서 상당히 혐오스러워요. 하이데거가 어느 정도까지 이런 걸 격려하고 있는지 모르겠어요. 뢰비트가 악감정을 내비치지 않고(하이데거의 사진이 그의 서재에 걸려 있어요.) 내게 말하길, 하이데거가 토트나우베르크의 농장 건물에서 교수들을 위한 세미나를 조직하고, 그곳에서 소위 그의 철학을 '제련한다'고 해요.[125]

12

1955년의 독일 여행에서 아렌트는 하이데거를 만나지 않기로 결정했고 이는 두 사람의 관계에 하나의 분수령이 되었다. 원래 그녀는 "당분간 풀이 조금 자라도록 모든 걸 그대로 내버려"두길 원했지만, 그녀가 다시 하이데거를 만나기 전까지 풀은 관목이 되었고, 관목은 다시 숲으로 변했다. 두 사람이 다시 만났을 때 그녀는 예순한 살이 되었고, 하이데거는 일흔여덟이 되었다.

그 오랜 세월 동안 하이데거는 아렌트의 사고와 저작 속에서 지속적으로 존재했다. 아렌트는 하이데거를 단지 스승이자 철학자로만 간주할 수 없었다. 두 사람이 공유한 과거는 사라지지 않은 것이다. 이제 아렌트는 하이데거의 삶에서 엘프리데 하이데거가 차지하는 절대적인 위치를 인정해야만 했다. 그것은 아렌트 자신의 위치를 축소시키는 것이었고, 하이데거가 분명히 밝혔듯이, 바로 그가 원하던 바였다.

확실히 아렌트의 방문이 야기했을 부부 간의 불화는 다른 모든 고려사항을 가볍게 만들었던 것으로 보인다. 하이데거는 더 이상 아렌트를 만나려 하지 않았다.(아내 때문이기도 하고, 아렌트의 명성이나 야스퍼스와 아렌트 사이의 우정 때문이기도 했다. 또한 최근이나 오래전에 일어난 과거의 일 때문이기도 했다. 아렌트는 빈번하게 독일을 방문했지만 더 이상 하이데거를 만나려 애쓰지 않았다.)

그러나 아렌트의 내부는 아무것도 변한 것이 없었다. 하이데거는 그녀를 고통스럽게 할 수 있었고, 그녀에게 기쁨을 줄 수도 있었다. 아렌트는 변함없이 하이데거와의 우정에 매달렸고, 하이데거의 개입이 없는 상황을 견디고 있었다. 1956년 10월, 칼 야스퍼스를 방문했을 때 아렌트는 "드디어 야스퍼스와 일반적인 토론 같은 것을 하게 되었어요."라고 블뤼허에게 알렸다.

"토론 도중 그는 하이데거와 관련하여 내게 최후통첩을 했어요." 야스퍼스는 아렌트에게 하이데거와의 관계를 끊으라고 요구했다. "그 말에 나는 분노했고 어떠한 최후통첩도 받아들이지 않겠다고 야스퍼스에게 말했어요."[126]

야스퍼스는 이미 하이데거와 화해할 희망을 버렸고, 자신과 하이데거와의 거의 단절된 관계에 대해 아렌트가 관심을 보이지 않자 동요하기 시작했다. 야스퍼스는 1945년 이후 다시는 하이데거를 만나지 않겠다고 결심했던 사실이 없다고 주장했다. "단지 일이 그렇게 되어버렸던 거예요."[127]

그러나 야스퍼스와 하이데거의 관계는 훨씬 더 복잡한 것이었다. 1949년, 야스퍼스는 하이데거에게 먼저 편지를 보냈고(1942년과 1948년에 쓴 편지 두 통은 발송되지 않았다.), 1950년 초에는 "자네가 그러기를 희망한 것처럼 기회가 되면 우리가 다시 만나 이야기하게 되기를 바라네."[128]라고 편지했다. 하이데거는 나치 통치시절에 야스퍼스가 자신을 "꿈꾸는 소년"이라고 언급한 사실을 무척 기쁘게 여겼다. 하이데거는 야스퍼스에게 마지막으로 보낸 긴 편지에서—이는 아렌트의 첫 방문 이후 두 달 뒤인 1950년 4월 8일에 작성되었다—자신의 배신당한 꿈과 그동안 겪어온 시련들, 그리고 자신이 강연을 통해 나치 정권에 도전하는 용기를 보여주었다고 설명했다.*

* 1945년 11월 4일, 하이데거는 프라이부르크 대학 총장에게 보낸 편지에서 다음과 같이 언급했다. "지난 11년 동안 나의 정신적 저항에 관해 특별한 사항은 없었습니다." Heidegger, "An das Akademische

"그 누구도 제가 했던 것처럼 위험을 감수하지 않았어
요."[129]

하이데거는 나치정권으로부터 거리를 두는 일에 아내
가 중요한 역할을 했다고 강조했다. 아마도 아내 엘프리
데의 모욕적이고 반유대적인 발언을 방어하기 위해서였
을 것이고, 아렌트가 아내의 그러한 발언을 야스퍼스에
게 전했을 거라고 의심했던 것 같다. 하이데거는 최소한
야스퍼스와 "악수라도 하기를" 열망했고, 야스퍼스가 하
이델베르크에 오게 된다면 기차역으로 마중나가겠다고
제안했다.[130]

야스퍼스가 하이데거의 편지에 답장을 보내는 데에는
2년의 세월이 걸렸다. 하이데거의 편지는 자기중심적인
정당화와 절반의 진실, 그리고 야스퍼스가 답장에서 쓴
바대로 "내 기억과 항상 일치하지만은 않은" 사실로 가
득 차 있었다. 그러나 야스퍼스가 분노한 것은 하이데거
가 스탈린에 관해 다음과 같이 언급했기 때문이었다.

"스탈린은 더 이상 전쟁을 선언할 필요가 없어요. 그
는 매일 전투에서 승리하고 있습니다. 그러나 아무도 그
것을 이해하지 못하고 있어요. 우리가 도망칠 곳은 더 이

Rektorat…" 또한 다음을 참조하시오. R. Wolin, ed., *Heidegger
Controversy*, p.66.

상 없습니다."

야스퍼스는 "이런 글을 읽는다는 게 나는 두렵네."라고 답장했다. 스탈린이 승리하도록 독일이 길을 열어주었다는 사실을 하이데거는 이해하지 못하는가, 하고 야스퍼스는 반문했다.

야스퍼스는 또한 "철학이… 1933년 이전에 실질적으로 히틀러를 수용하는 기반을 마련해준" 것처럼, 철학이 훨씬 더 파괴적인 "괴물적인 비전"을 이끌어 전체주의의 또 다른 승리를 위한 초석을 마련해주었다는 것을 하이데거는 이해하지 못하는가, 하고 질문했다. 야스퍼스는 "아렌트의 훌륭한 저작 『전체주의의 기원』"이 이러한 연관성을 논의했다고 지적했다. 야스퍼스의 이러한 언급은 하이데거와 그의 제자(아렌트) 사이에는 관점의 간극이 있고, 자신과 아렌트 사이에는 친연성이 있음을 분명하게 밝히는 것이었다.[131]

그러나 1955년에 하이데거가 야스퍼스의 70세 생일을 축하하며 "방랑자로부터 인사를 받아줄 것"을 청했을 때, 야스퍼스의 마음은 다시 누그러졌다.[132] 야스퍼스는 하이데거의 편지를 읽고 그가 "외롭다"고 느꼈으며 동정했다. 과거에 대한 향수를 숨기지 않은 채 야스퍼스는 다음과 같이 편지했다.

"마치 바로 지금 이 순간인 것처럼 나는 내 앞에 있는 자네를 보네. 자네가 나와 함께했던 날들, 우리와 함께, 1920년 이래로 쭉… 나는 자네의 몸짓과 눈길과 목소리를 듣네."

하이데거의 편지에 담긴 어조는 야스퍼스에게 "우리 사이에 가능성이 남아 있다."[133]는 희망을 새롭게 일깨워주었다.

그러나 화해는 일어나지 않았다. 야스퍼스에게 하이데거라는 "그 소년"은 여전히 매력적인 인물이었고, 또한 야스퍼스가 직접 하이데거의 강연금지를 해제하기 위해 청원했으며, 부치지 않은 편지를 계속 써왔다고 하더라도, 야스퍼스는 하이데거가 나치 이데올로기를 결코 벗어난 적이 없으며 신뢰할 수 없는 사람이라는 것을 알고 있었다.(이는 야스퍼스가 작성한 메모에서 알 수 있다.)

야스퍼스가 남은 생애의 거의 대부분에 걸쳐 기록한 하이데거에 관한 메모는[1978년에 한스 자너가 편집하여 『하이데거에 대한 메모』(Notizen zu Martin Heidegger)라는 제목으로 출간되었다.] 하이데거와 다시 가까워지고 싶은 욕망과 자신의 원칙에 충실해야 한다는 엄청난 요구 사이에서 괴로워하는 한 남자의 모습을 고스란히 보여준다. 자너에 의하면 야스퍼스는 하이데거가 공개적으로 파시즘을 철회하기를 20년 동안이나 기다렸다. 야스퍼스는 세상을 떠나는 날까지 하이데거가 그 어떤 유죄혐의도 부인했다는 아렌트의 말을 전해 듣고서야 비로소 그와의 화해를 포기했다.[134] 하지만 하이데거에게 있어서 이 모든 건 오히려 실용적인 문제였고 자신의 이익과 관련된 사안이었다. 즉 야스퍼스처럼 강직한 사람이 자신의 짧았던 "실수"를 믿어주고 자신이 행한 모든 잘못을 공개적으로 사면해주었다는 것을 세상에 보여주는 일이었다. 야스퍼스를 친구라고 주장할 수 있는 것은 하이데거의 궁극적인 승리인 셈이었고, 그렇게 함으로써 하이데거 자신을 향한 외부의 공격을 없애거나 최소한 상당히 약화시킬 수 있을 것이었다.

야스퍼스와 하이데거의 불화는 평생동안 지속되었다. "생애의 마지막 몇 달까지도 야스퍼스가 하이데거에 관해 언급했던 많은 대화를 기억한다."고 자녀는 회상했다.[135] 1961년, 아렌트는 하이데거의 미국인 편집자이자 아렌트의 친구인 쿠르트 볼프(Kurt Wolff)를 위해 니체에 관해 저술한 하이데거의 "중요하고도 아름다운" 저서의 교정쇄를 읽었다. 당시 아렌트는 노쇠한 야스퍼스를 자극하지 않게 하기 위해 그에게 이러한 사실을 말하지 않았다.[136]

1958년, 칼 야스퍼스는 75세를 맞이했다. 야스퍼스가 새롭게 출간한 『원자폭탄과 인류의 미래』(The Atom Bomb and the Future of Mankind)는 독일서적상협회가 수여하는 평화상을 수상했고, 프랑크푸르트의 유명한 바울 성당에서 웅장한 시상식이 거행될 예정이었다. 아렌트는 시상식에서 연설해달라는 요청을 받았다. 그녀로서는 그 요청이 무척 놀랍고 기뻤지만 한편으로는 당황스럽기도 했다. 아렌트는 야스퍼스의 친구이자, 여성이며, 유대인이고, 독일인이 아닌 자신이 축사를 하는 것이 적절한지에 대해 고심했다. 남편인 블뤼허에게 고백한 바대로 그녀는 두려웠다. 그러나 아렌트가 가장 염려했던 건 하이데거와 관련된 일이었다.

"나는 이 부분에 관해 야스퍼스에게 얘기할 수는 없어요."라고 아렌트는 블뤼허에게 편지했다. 아렌트는 야스퍼스와의 유대를 나타내는 행동이자 하이데거와의 의절로 해석될 수 있는 명백한 공적 발언을 "강요"당한 것을 두고 고민을 한 것이다. 그러나 그녀는 "내가 기뻐하는 대로 말하고 이야기할 수 있어요."[137]라고 스스로를 위로했다.

일 년 후, 하이데거가 70세를 맞이하자 아렌트는 스위스의 바젤에서 자신과 블뤼허의 이름으로 축하편지를

보냈다. 뉴욕으로 발송된 짧은 답례인사에서 하이데거
는 아내의 인사말을 포함시켰고, 자신이 일부러 편지를
스위스 바젤로 부치지 않았다고 언급했다. 물론 하이데
거는 아렌트가 바젤에서 야스퍼스를 방문했다는 사실을
알고 있었고, 아렌트의 분할된 충성심을 자신이 달가워
하지 않는다는 점을 기회를 놓치지 않고 알린 것이었다.
아렌트는 서로를 혐오하면서도 존경하는 두 남자 사이
에 놓여 있었다. 두 사람 모두 아렌트가 자기편이라고 주
장했고, 둘 다 하이데거와 야스퍼스 '사이'에서 그녀 혼
자 우정을 유지하는 상황을 유감스럽게 생각했다.

　1958년에 미국에서 출판된『인간의 조건』(The human
condition)은 인간의 정치활동에 관한 아렌트의 사유를 담
은 저서였다. 즉 작업과 노동으로 구분되는 행위와 말
에 관한 내용을 담고 있었다. 독일어판 번역본은『활동
적 삶』(Vita activa)이라는 제목으로 1960년에 출간되었다.
1960년 10월 28일, 아렌트는 하이데거에게 쓴 짧은 편지
에서 자신의 책을 그에게 보내줄 것을 출판사에 요청했
다고 알렸다.

　"당신은 알아차릴 거예요."라고 그녀는 언급했다. "그
책에 헌정이 없다는 사실을요. 우리 사이의 관계가 불운

해지지 않았더라면 — 여기서 제 말은 '사이'를 의미해요. 당신도 아니고 저도 아니에요 — 저는 그 책을 당신에게 헌정해도 되는지 물어보았을 거예요. 그 책은 직접적으로 마부르크*의 초창기 시절에서 영향을 받은 것이고, 모든 면에서, 거의 모든 것에서 당신에게 빚을 졌어요. 왜냐하면 이런 일들이 제겐 불가능한 것으로 여겨졌기 때문이에요. 그러나 저는 적어도 당신에게는 어떠한 방식으로든 있는 그대로 사실을 말하기를 원했어요."

아렌트는 또 다른 종이에 다음과 같이 부치지 않은 시를 썼다.

> 활동적 삶
> 이 책의 헌정은 남겨졌네.
> 내가 어떻게 그것을 당신에게 헌정할 수 있을까.
> 나의 신뢰하는 친구여,
> 내가 충실하거나
> 충실하지 않았을 때에도,
> 언제나 사랑에 빠져 있는.[138]

---

* 편지의 원본에서 아렌트는 "프라이부르크"라고 썼는데, 이는 표기의 실수이며 여기에서는 저자가 바로잡아 썼다.

아마 이것은 6년간의 침묵 후 하이데거에게 보내는 아렌트의 첫 편지(새해인사나 생일축하 인사를 제외하면)일 가능성이 높다. 애석하지만 정직하게 말하자면, 그녀의 이 편지는 하이데거의 분노를 샀다.

1961년 여름, 아렌트는 뉴요커지에 보도한 '예루살렘의 아이히만'[아돌프 아이히만(Adolf Eichmann)] 재판에 참석한 후 야스퍼스와 그의 부인을 만나기 위해 스위스로 갔고, 스위스에서 곧장 독일로 향했다. 그녀는 하이델베르크에서 학생들, 교수들과 함께 그 재판에 관해 토론했고 이후 프라이부르크로 떠났다. 아렌트가 마부르크 시절을 회상하는 고백적인 편지를 보냈고, 스승으로서 하이데거의 역할에 경의를 표했으며, 여전히 그녀를 괴롭히는 고통에 대해 인정했기 때문에 아렌트는 하이데거가 자신을 기쁘게 맞을 것이고, 심지어 충실한 옛 친구를 열렬히 환영할 거라고 기대했던 것 같다.

"하이데거에게 편지해서 … 저와 연락이 닿는 장소를 알려주었어요." 그녀는 야스퍼스에게 편지했다. "하이데거는 제게 연락하지 않았는데 그 점에 대해 저는 특별히 놀라지는 않았어요. 왜냐하면 저는 하이데거가 프라이부르크에 있는지 없는지조차 알지 못했으니까요."

이후 프라이부르크 대학 법학교수인 요셉 카이저

(Joseph H. Kaiser)가 "엄청나게 호화스러운" 저택으로 아렌트를 초대한 적이 있었고, 아렌트는 카이저 교수가 그 저택을 남성 애인과 공유한다는 걸 알게 되었다. 아렌트의 요청으로 카이저 교수는 후설과 하이데거의 동료였던 오이겐 핑크(Eugen Fink) 철학 교수를 초대했는데, 그는 아렌트가 대학시절부터 알고 지내왔던 사람이었다. 핑크는 "그 초대를 '퉁명스럽게' 거절했어요. 핑크는 저를 만나려는 의중이 없었던 거예요. 그런데 사실은 그가 분명히 암시하기를, 그 초대의 수락을 금지한 사람이 바로 하이데거였다는 것이었어요. 왜죠? 저는 모르겠어요… 일년 전 하이데거는 직접 서명한 최근 저서들을 제게 보내주었어요. 그 답례로 저는 『활동적 삶』을 하이데거에게 보냈지요. C'est tout.(그게 다예요.)"[139]

만약 이것이 전부였다면, 하이데거는 아렌트를 피하지도 않았을 것이고 핑크에게 카이저 교수의 초대를 거절하라고 지시하지도 않았을 것이다. 하이데거는 책의 헌정을 보류하고 이에 관해 아렌트가 설명한 것을 두고 오만하고 비난받을 행동이라고 생각했고, 더욱이 두 사람이 관계된 일임에도 아렌트가 혼자서 독자적인 결정을 내렸다고 해석한 것이 분명해 보인다. 예전에는 이런 일이 일어난 적이 없었다. 분노한 하이데거는 감히 아렌트가 독립된 인간으로 사고하고 행동한 것에 대해 직설적이고 공개적으로 벌을 준 것이다.

3개월 후, 블뤼허가 선천성 동맥류에서 비롯된 심각한 질환에서 회복된 뒤 아렌트는 야스퍼스에게 다음과 같이 편지했다.

"하이데거에 관해서는, 그래요. 이건 정말 화가 나는 일이에요. (야스퍼스가 그동안 암시했던 것처럼) 이 일은 시상식에서 제가 했던 축사와는 아무 관련이 없는데 왜냐하면 그 축사 후에도 하이데거와 연락이 닿았기 때문이에요. 그의 아내와 연관이 있다고도 생각하지 않아요…. 제 이름이 대중 앞에 나타나고, 제가 책을 저술하고 하는 일련의 일들을 그가 견딜 수 없어 한다는 것을 알고 있어요. 저는 그동안 마치 제 저서들과 명성이 존재하지 않는 것처럼, 사실상 하이데거에게 거짓말을 해온 셈이에요. 말하자면 저는, 그의 저서를 해석하는 일과 관련된 것이 아니면, 생각을 할 줄 모르는 사람처럼 행동했어요. 간혹 하이데거는 제가 조금이라도 명석하다는 사실을 알게 되면 매우 기뻐하곤 했어요. 그러나 갑자기 저는 그런 속임수가 싫증났고, 그런 후에 하이데거에게 정면으로 가격당했어요. 한동안 저는 엄청나게 화가 났지만, 이제 더는 아니에요. 저는 어쨌든 마땅한 취급을 받았다고

생각했어요. 하이데거를 속인 것, 그리고 갑작스럽게 그
와의 게임을 끝내버린 대가이지요."[140]

그해 10월, 하이데거에게 썼던 편지에서 아렌트는 그
녀가 알고 있던, 그 모든 일에 대한 진짜 이유를 언급하
지 않았다. 그러나 문제의 핵심에 대해서는 설명했다. 즉
두 사람의 관계에 관해 있는 그대로의 진실을 말하기로
결정했고, 이제 더 이상 하이데거의 규칙에 따라 게임을
진행할 수 없다는 것이었다.

아렌트의 설명에 야스퍼스는 깜짝 놀랐는데 그로서는
그럴 만한 이유가 있었다. 야스퍼스는 책 헌정에 관해 아
렌트가 하이데거에게 편지를 보낸 사실을 알지 못했고,
그는 이러한 상황을 이해할 수 없었다. "(하이데거는) 오
래전에 아렌트의 저서에 대해 알고 있었을 거예요…. 유
일하게 새로운 사실이 있다면 『활동적 삶』은 하이데거가
아렌트로부터 직접 받았다는 점입니다. 그게 대체 무슨
반응입니까!"[141]라고 야스퍼스는 편지를 보냈다.

하이데거는 아렌트의 저서에 대해 알고 있었을 뿐만
아니라 그것들을 집에 소장하고 있었다. 하이데거가 아
렌트에게 지속적으로 알린 사실에 따르면, 자신은 영어
지식이 충분하지 않아 그녀의 영어판 책을 직접 읽을 수
없지만, 아내 엘프리데는 그 책들을 즐겨 읽고 있었다.

하이데거의 편지 어디에도 그가 아렌트의 저서를 독일어 번역본으로 읽었다는 흔적이 없다. 하이데거는 또한 아렌트가 보낸 편지를 통해서도 그녀의 저서에 대해 알고 있었다. 그러므로 하이데거는 그녀가 생각할 줄 모르는 사람이 아니라 오히려 명석한 사람이라는 사실을 알고 있었던 것이다.

그러나 아렌트의 독립적인 행동은 그녀가 하이데거의 통제를 벗어났다는 뚜렷한 신호였다. 아렌트의 성공적이고 충만한 삶으로 인해 하이데거는 자신을 숭배했던 사도 한 사람을 빼앗기게 된 것이었다. 만약 하이데거가 아렌트의 분별력을 되찾아준다면 그는 다시 통제권을 갖게 될 것이었다. 하이데거는 "충실하거나/충실하지 않았을 때에도/언제나 사랑에 빠져 있는" 아렌트에 대해서는 알지 못했다.

이 사건이 있은 지 5년 후인 1966년, 야스퍼스는 지난 20년 동안 숨겨왔던 하이데거에 관한 사실을 아렌트에게 털어놓았다. 1966년 2월, 『슈피겔』(Der Spiegel)은 하이데거의 나치 행적과 반유대주의에 관해 비판적인 기사를 게재했다. 아렌트는 야스퍼스에게 이에 대해 어떻게 생각하는지 가볍게 물었다.

"저는 이 기사가 정말 싫어요." 하고 아렌트는 편지에 썼다. "하이데거를 평화롭게 내버려두어야 해요."[142] 그러나 83세의 야스퍼스는 그녀의 말에 반박했다.

나는 '하이데거를 평화롭게 내버려두는 것'이 바람직하다고 생각하지 않아요. 하이데거는 막강한 존재이고, 그의 나치 행적에 변명거리를 찾고자 하는 사람들은 모두 그에게 의지하려는 사람들입니다. … 하이데거가 우리 집을 방문하러 오지 않은 이유가 내 아내인 게르투르트가 유대인이기 때문이라는 건 완전히 조작된 말이에요. 게르투르트가 유대인인 건 진짜 이유가 아니었어요. 그러나 1933년 5월에 하이데거가 마지막으로 우리 집을 방문했을 때 그는 이례적으로 그녀를 무례하게 대했어요. 하이데거는 게르투르트에게 작별인사도 하지 않고 집을 떠나버렸습니다. 그 이유는 내 아내가, 그녀만의 방식대로 개방적이고 분명하게 자기 마음을 표현했기 때문이었어요. 반면에 나는 주의 깊고 간접적인 데다 엄청난 불신을 갖고 그와 대화했어요. 나는 그 상황에서 게르투르트에게 정중하게 행동하지 않았던 하이데거를 결코 잊을 수가 없어요. 1945년 이후에 하이데거가 내게 말했던 이유, 즉 우리 집을

방문하기가 부끄러웠다는 것은 하나의 변명일 뿐이
에요. … 내 60세 생일 전에 프라이부르크 대학 식
물학 교수인 내 친구 프리드리히 욀케르스(Friedrich
Oehlkers)가 내 생일이 다가온다는 사실을 하이데거
에게 알려준 후 직접 안부를 전할 건지 물었다고 해
요. 하이데거는 나에 대해 풍부한 감정을 드러내며
욀케르스 교수에게 이야기했고, 물론 그렇게 하겠
다고 말했어요. 그러나 하이데거는 그렇게 하지 않
았지요. 1937년에 내가 교수직을 박탈당했을 때 그
가 아무 말도 하지 않았던 것처럼요. … 물론 나는
하이데거가 한 행동을 다른 견해에서 보다 객관적
으로 바라보고 있어요. 결코 반유대주의자가 아니
라던 그가, 어떻게 유대인들에게 그렇게 행동할 수
가 있나요? 그는 브로크〔베르너 브로크(Werner Brock),
하이데거의 조수〕 같은 사람을 보호하기를 원했을 때
처럼 때로는 아주 멋지게(거의 모든 옛 나치당원들이 그
렇게 했던 것처럼), 그리고 때로는 유대인 프렌켈에
관해 괴팅겐 대학에 보낸 공식적인 편지에서 그랬
던 것처럼, 나치가 사용했던 것과 정확히 똑같은 언
어를 사용했어요. … 후설에 대한 그의 행동은 나치
를 향한 복종을 보여주는 또 다른 사례예요. … 방

금 『슈피겔』에서 하이데거의 답변을 읽었어요. 신경이 거슬리는 썩 좋지 않은 답변이네요. [143]

아렌트는 하이데거를 향한 뿌리 깊은 결속력을 다시한 번 드러냈고, 야스퍼스가 제기하는 혐의를 인정하지 않았다. 오히려 그것은 하이데거의 비판자들을 향한 아렌트의 분노를 더욱 부채질했고, 그녀는 다시 한 번 하이데거의 변호를 위해 나섰다.

"야스퍼스 선생님은 하이데거의 반유대주의가 문제가 되지 않는다고 말하셨어요. 그러나 하이데거를 향한 공격은 다름 아닌 바로 그 지점에서 비롯되고 있어요." 아렌트는 프랑크푸르트 대학의 아도르노-호르크하이머 학파의 멤버들이 "비록 증명할 수는 없지만 … 배후 조종자들"이라고 의심했다. "양친 중 한 사람이 유대인이며 제가 아는 가장 불쾌한 사람 중의 한 사람"*인 테오도르 아도르노나 막스 호르크하이머, 혹은 그들에 의해 선동된 사람들은 하이데거를 충분히 파멸시킬 능력이 있

---

* 아렌트는 테오도르 아도르노를 항상 그의 실제 이름인 비젠그룬트 (Wiesengrund)라고 언급했는데 이는 유대인 출신임을 숨기려는 그의 의도를 강조하기 위해서였다. 아도르노는 그의 어머니의 결혼 전 이름이다.

다고 아렌트는 주장했다. "지난 수년 동안 그들을 반대한 모든 독일 사람들은 반유대주의 혐의를 받았거나 그런 혐의를 받을 거라고 위협받아왔어요."[144]

야스퍼스가 오랫동안 고통스럽게 간직해온 비밀, 즉 게르투르트를 향한 하이데거의 무례한 태도, 유대인 프렌켈이라는 용어, 그리고 나치를 향한 하이데거의 비굴한 태도 등에 관해서 아렌트는 다음과 같이 단 한 줄의 짧은 문장으로 언급했을 뿐이었다. "선생님이 말한 일들에 관해서는 그 누구도 전혀 생각하지 못했을 거예요."[145]

그런 후에 아렌트는 만약 야스퍼스가 그 진실을 공개적으로 밝히는 걸 계속 자제해준다면 하이데거의 명성은 더 이상 위태롭지 않을 것이고, 그렇게 되면 야스퍼스가 그런 혐의를 인정하지 않는 것으로 보일 것이라고 덧붙였다. 하이데거의 혐의에 관한 몇몇 증거들은 밝혀지지 않았는데 바로 이와 같이 하이데거의 가장 절친한 두 친구가 서로 협력해서 비밀에 부쳤기 때문이었다. 그러나 포크너가 말했듯이, 과거는 결코 죽지 않는 법이다. 그리고 그것은 심지어 과거도 아니었다.

13

1966년에 한나 아렌트는 60세가 되었다. 몇 년간의 침묵 끝에 하이데거는 아렌트에게 긴 편지를 보냈고—비록 1959년에 그녀가 수상한 권위 있는 레싱 상(Lessing Prize)에 대해서는 침묵으로 넘겼지만—이 일은 그가 지난 일은 잊어버리기로 했다는 걸 알리는 신호였다. 하이데거는 엘프리데와 함께 세 번에 걸쳐 그리스 여행을 다녀왔고, 다소 늦은 인생의 후반부에 그리스 철학자들과 고대 그리스의 역할을 자신의 작업에 포함시킬 것을 고려하게 되었다고 아렌트에게 알렸다.

그러나 하이데거는 외국여행을 좋아하지 않았다. 그는 토트나우베르크의 "통나무집"에 있을 때가 가장 편안했다. 그곳은 수년 동안 전기가 들어오지 않았고 물은 우물에서 길어야 하는 곳이었다. 하이데거는 편지와 함께 통나무집의 서재에서 내다보이는 풍광을 찍은 사진, 생일 축하 인사, 「가을」이라는 횔더린의 시 한 편 등을 보냈다.

사실상 가을이었다. 하이데거는 77세였고 그의 아내는 73세였다. 칼 야스퍼스는 여러 가지 질병과 청력상실로 괴로움을 겪은 후 하이데거와 끝내 화해하지 못한 채 3년 후에 86세의 나이로 세상을 떠났다. 슈투름 운트 드랑(Sturm und Drang, 질풍노도)의 시기는 끝났다.

하이데거의 편지는 아렌트에게 "가장 큰 기쁨"을 가져다주었고, 아렌트는 며칠 후 답장을 보냈다.[146] 감사를 전하는 편지의 초안 뒷장에 그녀는 괴테의 인용문—그들의 내적세계는 변화를 겪지 않았다—과 함께 하이데거 선집에 포함시킬 저서 목록을 나열했다. 아렌트는 선집 출판을 수년 동안 계획해왔고, 이를 달가워하지 않는 하이데거의 동의를 얻어내려고 노력해왔다. 하이데거는 익숙한 발자취를 따르는 것과, 스스로가 "하이데거의 유품"이라고 우울하게 표현한 자신의 저서 선별 작업에 별로 관심이 없었다. 선집 발간은 또 다른 문제를 제기했다. 하이데거는 자신의 과거와 공개적으로 단절하는 것은 거부했지만, 이와 동시에 논란을 초래하게 될 논문이나 연설문, 성명서 등이 출판되는 것 역시 원하지 않았다.

일 년 뒤인 1967년, 아렌트는 1952년 이후 처음으로 하이데거를 방문했다.* 그녀의 방문은 하이데거로부터 따뜻하고 활달한 여러 통의 편지와 저서를 증정받은 이후에 이루어졌다. 하이데거가 보낸 책은 1960년에 출간된 『예술작품의 기원』(The Origin of the Work of Art)이었고 그의 친필 서명이 들어 있었다.

"한나에게. 다시 만난 것을 기념하며. 마틴, 독일. 1967년 7월 27일."[147]

1950년에 두 사람이 재회한 이후 하이데거는 따뜻한 내용의 친필이 담긴 다섯 권의 저서를 아렌트에게 보냈고, 이어지는 몇 년 동안 훨씬 더 많은 책을 보내주었지만(때때로 하이데거의 저서는 저자 서명 없이 출판사에서 곧장 발송되기도 했다.) 이번 경우는 몇 년 동안 소식이 중단된 이후에 보내진 것이었다. 그것은 아렌트에게 특별한 의미를 부여했다. 아렌트는 하이데거와의 관계 회복을 위해 최선을 다했고, 비록 둘의 인생에서 늦은 시기이기는 했

---

* 아렌트는 1952년 5월과 6월에 하이데거를 두 차례 방문했다. 하지만 아렌트의 편지에 의하면 당시 하이데거의 아내 엘프리데가 극도의 질투심에 사로잡혀 있었고, 아렌트를 향해 반유대주의에 가까운 소동을 벌였다. 이후 하이데거는 아렌트에게 방문을 자제해달라고 부탁했고, 아렌트는 독일을 방문할 때조차도 하이데거를 만나지 않았다.-역주

지만 아렌트는 성공을 거둔 것이었다. 아마도 아렌트는 두 사람 사이에 "불운한" 일을 남겨둔 채 하이데거가 세상을 떠날지도 모른다는 생각을 견딜 수 없었을 것이다.

아렌트는 엘프리데와 화해하지 않는 한, 하이데거와의 관계 회복에 가망이 없다는 것을 알고 있었다. 그래서 아렌트는 엘프리데에게 화해의 손을 내밀었고, 두 사람은 진정한 친밀감의 표시로 서로의 이름을 부르기로 합의했다. 이로써 아렌트가 열여덟이었을 때 그녀의 인생에 처음 등장했던 장벽은, 어떤 의미에서는 사라진 셈이었다. 그것은 하이데거를 향한 자애로운 우정의 행동이었고, 심오하고 흔들리지 않는 개념을 특징으로 하는 '친구'라는 단어가 의미하는 바였다. 또한 하이데거를 향한 그녀의 감정이 온전히 남아 있다는 것을 인정하는 것이기도 했다. 하이데거는 날이 갈수록 점점 더 자주 우울해했고, 바로 그러한 때 하이데거가 자신을 필요로 한다는 사실을 아렌트는 알고 있었다. 그해 말, 하이데거가 아렌트를 위해 지은 두 편의 시는 「어둠 속에서」와 「저녁의 노래」라는 불길한 제목이었다.

이듬해 아렌트는 하이데거의 『사유란 무엇인가?』의 영어판 번역본을 감독하느라 바빴다. 1952년에 블뤼허는 "그러니 그가 질문하도록 도와줘요. … 신(神)을 추구하는 가장 홀륭한 철학적 질문 중의 하나를." 하고 아렌트에게 권유한 바 있다. 하이데거는 아렌트의 도움이 우정 어린 행동이었다고 품위 있게 인정하는 편지를 썼고, 그 누구도 아렌트만큼 자신의 사유를 잘 이해할 수 없었다고 덧붙였다. 물론 아렌트는 전에도 여러 가지 형태로 이런 말을 들어왔지만, 하이데거가 그렇게 말할 때마다 하이데거가 두 사람의 내적 결속력을 확인하는 것일 뿐이라고 생각했다. 하이데거는 발터 벤야민(Walter Benjamin)에 관한 아렌트의 글을 읽었다고 했고―그렇지만 피상적으로 읽었음을 인정했다―아렌트는, 처음이자 마지막으로, 하이데거로부터 칭찬을 받았던 것으로 보인다.

그 다음 해, 아렌트는 하이데거 부부를 방문했다. 1969년이 되자 아렌트는 블뤼허와 함께 하이데거 부부를 다시 방문했다. 이 이례적인 방문은 하이데거가 마련한 특별한 선물로 기념되었다. 즉 하이데거의 형제인 프리츠가 메스키르히가 낳은 가장 유명한 철학자의 80세 생일을 축하하기 위해 소책자를 출간했고, 하이데거는 그 책자에 다음과 같이 서명했던 것이다. "한나와 하인리히에게―마틴과 엘프리데."[148] 이 모임의 인원은 극히 제한적이었다.

이듬해 두 부부는 이와 비슷한 방문을 다시 계획했다.

그러나 1970년 10월, 하인리히 블뤼허가 세상을 떠났다.

1969년 4월, 엘프리데 하이데거는 아렌트에게 도움을 청했다. 남편의 악화된 건강 때문에 큰 저택을 팔고, 더 작은 일 층짜리 건물을 지을 수밖에 없는 형편이라고 편지를 보낸 것이다. 예상 비용은 팔만 마르크에서 십만 마르크 사이였다. 하이데거 부부는 그만큼의 돈이 없고 그래서『존재와 시간』의 필사본을 팔기로 결정했다는 것이었다. 부부는 돈에 관해서는 아무것도 모르며 그 필사본이 어느 정도 가치가 있고 어디로 판매되어야 하는지도 알지 못한다고 엘프리데는 편지에 썼다.* 하이데거는 만약 필요하다면 니체 강연의 필사본 역시 팔 수 있음을 편지의 말미에 덧붙이라고 아내에게 말했다. 이 문제는 극도로 신중히 다루어져야 한다고 엘프리데는 편지에서 강조했다.

5일 후 아렌트는 답장을 보냈다. 그녀는 필사본을 사고파는 일에 관해서는 전혀 아는 바가 없지만, 판단해보건대『존재와 시간』은 의심할 여지없이 큰 가치가 있고,

---

* 야스퍼스와 하이데거 사이에 오간 편지는 이러한 주장에 반대되는 증거를 제공한다. 예를 들어 1924년, 하이데거가 일본 근무를 제안받았을 때 외화를 독일 마르크로 환전하는 일은 그에게 중요한 사안이었다. 그리고 이러한 일은 하이데거에게 어려운 일이 아니었다. Biemel & Saner. *Heidegger/ Jaaspers Briefwechsel*, p.48.

시간이 지날수록 그 가치는 높아질 터였다. 그러므로 이런 필사본은 공공기관보다는 수집가에게 제공되어야 할 것이었다. 또한 믿을 만한 정보를 얻기 위해서는 하이데거 부부가 마부르크의 명망 있는 경매회사인 J.A. 스타르가르트에 의뢰해야 할 것이었다. 물론 경매회사가 카탈로그를 세계 전역으로 보내기 때문에 신중해야 하지만 중개인을 찾는 건 어렵지 않을 것이었다. 아렌트는 미 의회도서관 필사본 부서의 부장을 포함해 몇몇 믿을 만한 사람과 이야기를 나누어보겠다고 말했다. 아렌트는 무엇보다도 그 필사본이 독일 내에 소장되어야 한다고 충고했다.

3일 후 엘프리데의 답장이 도착했다. 엘프리데는 경매가 올바르게 일을 진행하는 방법이 아닌 것 같다고 언급했다. 그보다는 재단이나 미 의회도서관 같은 도서관이 적절한 구매자로 보인다는 것이었다. 크게 수고스럽지 않다면 아렌트가 호의를 베풀어 그녀가 언급한 경험 있는 도서관 직원에게 그 필사본이 얼마에 팔릴 수 있는지 알아봐 줄 수 있겠는가? 하고 엘프리데는 물었다. 8월에 있을 블뤼허의 방문을 생각한다면 아렌트와 이 문제에 관해 더 이상 서신을 주고받을 필요가 없으며, 나중에 사적으로 따로 논의할 수 있을 것이었다.

그럼에도 불구하고 5월 17일에 아렌트는 도서관 직원의 조언을 요약해서 행간 여백 없이 두 페이지에 달하는 정보를 편지로 써 보냈다. 아렌트는 기억이 생생하게 남아 있을 때 바로 정보를 알려주려 했다고 밝혔다. 도서관 직원에 따르면, 그 귀중한 필사본을 보관하기에 가장 적합한 장소는 대규모의 가용자금을 지닌 독일 마르바흐의 실러 문서보관소(Schiller Literaturarchiv)였다. 다음 장소로는 독일어 필사본을 방대하게 소장한 것으로 알려진 파리 국립도서관이었다. 미국의 경우, 예일 대학(릴케를 포함해 독일어 선집을 소장한 것으로 유명하다.) 또는 프린스턴이나 하버드 대학이 있다. 가장 높은 가격을 받을 수 있는 곳은 아마도 텍사스 대학일 텐데 그곳은 지적자산을 구축하려고 애쓰고 있던 차였다. 반면 미 의회도서관은 미국적인 것만 사들였다.

　　아렌트는 엘프리데에게 스타르가르트 경매회사에 의뢰해야 한다는 맨 처음의 제안을 반복해서 언급했는데, 그곳은 또한 에이전트의 역할도 겸하고 있었다. 또 다른 가능성으로는 프랑크푸르트 독일 도서관의 경험 많고 믿을 만한 쾨스터(Koester) 교수가 있었다. 그는 에펠스하이머(Eppelsheimer) 교수의 후임자로서 아렌트가 1949년에 "버려진" 유대인 문화재를 파악하기 위해 독일에 갔을 때 그녀를 크게 도와준 사람이었다. 그러나 그 필사본이 얼마에 팔릴 것인지에 대해서는 정확한 답변이 없었다고 아렌트는 말했다. 사람들의 관심을 전혀 끌지 않았던 아인슈타인의 몇몇 편지가 런던의 소더비 경매회사에서 오천 파운드에 팔렸고, 게르하르트 하우프트만(Gerhard Hauptmann)의 원고는 베를린에서 이백 오십만 마르크 이상으로 팔렸다. 그러므로 『존재와 시간』의 필사본은 최소 칠만 마르크에서 십만 마르크 사이에서 팔릴 거라고 그 도서관 직원은 예상했다.[149]

하이데거의 필사본을 팔기 위해 오간 편지에는 표면적인 것 이상의 사정이 숨어 있었던 것으로 보인다. 돈과 관련된 일에 대해 하이데거 부부가 누구에게 도움을 청했는가? 바로 혈통적으로 금전적인 문제에 매우 정통한 것으로 알려진 유대인 아렌트였다. 만약 이후 하이데거의 건강이 훨씬 더 악화되었을 때 그가 마르바흐의 실러 문서보관소에 필사본들을 팔면서 매우 비싼 가격을 받아내지 않았더라면, 사람들은 당시 그가 재정문제를 계산할 수 없었던 이유가 건강이 나빠졌기 때문이라고 여겼을 것이다.

아렌트는 곧 이러한 상황을 알아차렸다. 정당하게 독일에 소속된 그 필사본을 왜 독일 내부에서 거래하지 않는 것인가? 훌륭한 독일인이라면 과연 단돈 몇 달러를 더 받기 위해 자기 나라의 귀중한 원고를 다른 나라로 넘길 것인가? 하지만 필사본을 실러 문서보관소나 프랑크푸르트 국립문서보관소에 판매해야 한다는 아렌트의 제안은 엘프리데에 의해 거절당했다. 독일인은 미국인만큼 많은 돈을 지불하지 않는다는 설명과 함께였다.

아렌트는 하이데거를 돕기 위해 어떤 일이라도 할 것이었고, 인생의 막바지에 다다른 하이데거는 정신적 친밀감보다는 덜 고상한 이유로 또다시 아렌트가 필요했다. 그러나 아렌트는 하이데거와 그의 아내가—아마 아렌트는 엘프리데가 이러한 발상의 주인공이라고 생각했을 것이다—자신에게 부과한 역할 때문에 기분이 상했다. 아렌트는 자신이 두 사람만큼이나 사고파는 일에 대해서 잘 알지 못한다고 말했다. 그것이 바로 아렌트가 애써 전문가의 의견을 구한 뒤 그 결과만을 전달한 이유였다. 전 생애에 걸쳐 미국과 미국의 우상—돈—을 경멸했던 하이데거는 이상하게도 이 사업에서만큼은 그것들과 동반자가 되었다. 하이데거는 미국 달러를 소유하는 것뿐만 아니라 국가적 보물을 다른 나라로 넘기는 일까지 꺼리지 않았던 것이다.

구매와 판매에 관련된 아렌트의 양가감정은 독일에

약탈당한 히브리어와 유대 문물을 복구하기 위해 독일을 처음 여행했던 일을 언급한 데서도 드러난다. 그녀는 "버려진" 혹은 "주인 없는"이라는 단어를 사용했는데, 이것은 약탈을 은폐하기 위해 나치가 만들어낸 완곡어법으로 유대 문물을 지칭하는 것이었다.[150] 아렌트가 굳이 그 용어를 사용한 이유가 자신이 과거를 잊지 않았다는 걸 엘프리데 하이데거에게 상기시켜주기 위해서였을까? 아마도 그랬을 것이다.

14

1970년 10월, 하인리히 블뤼허가 세상을 떠난 지 9일 후 하이데거 부부는 아렌트에게 조의를 표했다. 조의 편지에 동봉된 것은 하이데거가 지은 「시간」(Time)이라는 제목의 시 한 편이었다. 이듬해 여름, 아렌트는 두 사람을 방문했다. 아렌트는 남은 여생 동안 해마다 정기적으로 하이데거 부부를 방문했다. 아렌트의 방문은 엘프리데에 의해 달, 날짜, 그리고 시간까지 결정되었다. 하이데거의 건강은 더욱 악화되었으나 그의 우울증은 아렌트의 존재로 인해 종종 완화될 수 있었다.

1973년, 하이데거의 제자 발터 비멜(Walter Biemel)은 하이데거에게 편지를 보내달라고 아렌트에게 요청했다. 하이데거는 아렌트가 독일을 떠나기 전 자신한테 편지를 보내지 않았기 때문에 혹시 그녀가 유감을 갖고 있지나 않은지 염려하고 있었다. 아렌트의 방문이 예정된 시간에 하이데거는 형제 프리츠와 함께 메스키르히에 머물러 있었고, 그는 무척이나 간절히 아렌트를 그리워했다. 그의 부인이 바깥세상과의 접촉을 규제했고, 원칙적으로 방문객을 허용하지 않았기 때문에 하이데거는 그야말로 그 누구도 만날 수 없었다. 악화된 하이데거의 건강을 고려하면 아마도 이러한 규제는 필요한 일이었을 것이지만, 비멜이 감히 추측한 바대로 외로움은 그에게 심각한 타격을 주었다.

1973년, 80세가 된 엘프리데는 확실히 남편을 보살피는 데 어려움을 겪고 있었다. 하이데거는 지나치게 많은 방문객들이 자신을 기진맥진하게 만든다고 아렌트에게 불평했다. 그는 누구를 만나야 하고 누구를 만나지 말아야 하는지 결정해야 했고, 홍수처럼 밀려드는 방문객들과 전혀 방문객이 없는 상황 사이에서 균형을 찾아야 했다. 하지만 하이데거의 건강상태와 기분이 끊임없이 요동쳤기 때문에 어떤 지침을 마련하는 일은 아마 불가능했을 것이다. 하지만 하이데거는 아렌트를 만나는 일만은 간절히 원했다. 이제 하이데거는 일 년에 두 번씩, 아렌트가 유럽 여행을 시작할 때와 마칠 때 자신을 방문해 달라고 요청할 정도였다.

1973년 가을, 하이데거는 마지막으로 강연 세미나를 열었다. 세미나 준비는 8월 한 달 내내 그리고 9월 초반에 걸쳐 이루어졌다. 삼 일에 걸쳐 두 시간 또는 두 시간 삼십 분 동안 이루어진 그 강연은 너무나 힘에 부쳤고, 하이데거는 아렌트의 방문계획을 취소시켜야 했다. 하이데거는 자신이 어쩔 수 없이 그렇게 했다는 것을 아렌트가 이해해주었으면 한다고 편지에서 밝혔다. 하이데거는 다음 해 초에 그녀가 방문해주길 바랐다. 아렌트가 방문하면 마지막 세미나 세션에서야 그에게 떠오른 그리스 철학자 파르메니데스(Parmenides)에 관한 몇몇 새로운 사유를 그녀와 공유할 기회를 갖게 될 것이었다. 사유는 여전히 그에게 커다란 기쁨을 준다고, 하이데거는 편지에 썼다.

생애의 마지막 몇 년 동안 아렌트에게 보낸 하이데거의 편지는 따뜻했고 배려가 깃들어 있었다. 단순하면서도 우아한 그 산문에는 고요하지만 부드럽지만은 않은 한 남자, 등 뒤에 무기까지는 아니더라도 전투태세를 감춘 한 남자의 모습이 반영되어 있었다. 하이데거가 아렌트를 만나기 훨씬 전인 1917년에 그의 아내가 주었던 생일 선물(괴테 선집)을 언급할 때를 제외하면, 그의 편지에는 예전처럼 불성실과 감상성의 혼재가 배어 있지 않았다. 그럼에도 불구하고 그는 여전히 아렌트에게 상처를 줄 수 있는 능력이 있었다. 로열티—하이데거는 재정적인 부분을 단단히 장악하고 있었다—와 계약 조항, 또는 출판사의 의무와 관련된 하이데거의 편지는 꼼꼼하고 사무적이었으며, 그는 아렌트에게 매번 새로운 요구를 가했다. 그럼에도 하이데거는 난생 처음으로 아렌트의 삶과 작업, 그리고 심지어 그녀의 성공에 대해서도 진정으로 관심을 갖게 되었다.

1975년, 아렌트는 유럽문명에 대한 공헌을 인정받아 누구나 열망하는 덴마크의 소닝 상(Sonning Prize)을 수상했다. 비록 아렌트가 레싱 상을 수상한 사실은 무시했지만, 하이데거는 코펜하겐에서 열린 소닝 상 시상식에 관한 언론 보도를 놓친 것이 애석하다고까지 표현하였다. 하이데거는 비록 늦었지만 다가올 아렌트의 방문에 맞추어 훌륭한 와인 한 잔으로 수상을 축하해주고자 했다. 하이데거는 아렌트가 무엇을 강의하는지(그는 아렌트가 보내준 강의계획서를 읽었다), 무엇을 읽고 있는지, 작업이 어떻게 진척되는지, 일정표가 어떠한지 등에 관해 자세히 알고 있었다.

이전과는 달리 특히 생애의 마지막 2년 동안 두 사람은 인생에 대한 사고와 자신들의 삶에 관한 생각을 함께 나누었다. 블뤼허가 그랬던 것처럼 하이데거는 아렌트가 스스로를 혹사시키지 않도록 여행 도중 스위스의 바젤에 들러 휴식을 취해야 한다고 충고했다. 아렌트가 괴테의 저서를 읽은 일은 하이데거를 기쁘게 했다. 괴테의 저서를 읽는 사람이 너무 적다고 하이데거는 화를 냈다. 그러나 괴테의 사고가 당시에도 유효한 것이었는가? 그러나 누구를 위해서인가?

1971년 한 해 동안 아렌트는 하이데거에게 상세한 내용을 적은 편지들을 보냈다. 아렌트는 그녀의 사후에 출간될 『정신의 삶』(Life of the Mind)을 집필 중이었고, 하이데거에게 사유, 의지, 판단 등에 대해 질문했다. 이듬해 그녀는 '악'에 관한 질문으로 되돌아왔다. 하이데거 저작의 영어판 번역본, 로열티, 출판사, 그리고 선집출판 등은 항상 아렌트의 머릿속을 떠나지 않았다. 1974년에 이르러서야 하이데거는 엄격한 지시에 따를 것을 전제로 아렌트가 제안한 선집출간에 동의했다. 메인 주(州) 캐스틴에 위치한 메리 맥카시(Mary McCarthy)의 집에서 남편 사망 이후 첫 여름을 보낸 아렌트는 『회상』(Reflections)이라는 가제하에 하이데거가 에세이 선집을 출간해야 한다고 주장했다. 아렌트는 다음과 같이 하이데거를 설득하려고 노력했다.

"비록 사적인 일들이라 할지라도 당신과 야스퍼스가 수년 동안 지속해온 우정은 —나중에 우정의 행로에 이상이 생겼음에도 불구하고 — 우리 시대 독일 철학사의 한 부분이에요."¹⁵¹

필사본을 판매한(이는 결국 실러 문서보관소로 팔렸다.) 자금으로 지은 작은 주택이 완공된 후 하이데거 부부가 이사를 마치자 아렌트는 크게 안도의 한숨을 내쉬었다. 부부의 이사를 축하하기 위해 아렌트는 축하의 꽃다발을 보냈다.

아렌트와 하이데거는 서로에게 즐거움을 주고자 했다. 아렌트는 하이데거에게 나제즈다 만델스탐(Nadezhda Mandelstam)의 『희망에 반하는 희망』과 허먼 멜빌(Herman Melville)의 『빌리 버드』를 보냈다. 하이데거는 아렌트에게 읽어야 할 책들에 관해 조언했고, 시와 꽃들을 보냈으며, 그녀의 저서에 대해 관대한 어조로 충고했다.

이제 그들의 편지는 두 사람 모두에게 위안이 되었다. 하이데거는 아렌트의 체력소모와 슬픔, 그녀의 상황 등에 대해 염려했고, 하이데거 자신이 그런 점에 대해 잘 알고 있다고 강조했다. 그러나 아렌트를 위로하기 위해 하이데거가 할 수 있는 일은 별로 없었다. 주고받는 서신에는 이제 체념의 어조가 스며들었다. "그 누구도 당신이 했던 것처럼 강의할 수 없어요. 당신 이전에도 그런 사람은 없었어요."라고 1974년에 아렌트는 편지했다. 이는 반세기 전 그녀가 들었던 강의를 회상하며 강의실에 앉아 있었던 시간에 대해 사색하는 것이기도 했다.[152]

다음 해 아렌트는 야스퍼스의 철학적 유산에 관한 작업을 하면서 독일 마르바흐 문서보관소에서 몇 달을 보냈고, 하이데거는 아렌트가 자신을 한 번 더 방문하지 않고 독일을 떠난 것에 크게 실망했다.

하이데거에게 보낸 아렌트의 마지막 편지는 그녀가 휴가를 보낸 스위스의 테그나에서 1975년 7월 27일에 작성한 것이었다. 편지에서 그녀는 8월에 프라이부르크를 방문하겠다고 하이데거에게 약속했다. 7월 30일에 하이데거는 아렌트에게 마지막 편지를 보냈다. 곧 그녀를 만날 수 있다는 것에 대해 기쁨을 표현한 글이었다. 아렌트는 8월 12일이나 15일, 오후 3시에서 4시 사이에 방문하기로 예정되었고, 평소처럼 함께 저녁식사를 하게 될 것이었다. 그리고 8월 중순에 아렌트는 하이데거를 방문했다.

1975년 12월 4일, 한나 아렌트는 세상을 떠났다. 마틴 하이데거는 그녀보다 5개월 더 살았고, 1976년 5월 28일에 세상을 떠났다.

주(註)

주(註)에 사용된 약어는 다음과 같다.

LC   의회도서관 (Library of Congress)
ALT 한나 아렌트 재단 (Hannah Arendt Literary Trust)

한나 아렌트와 하인리히 블뤼허 사이의 편지는 한나 아렌트
    재단의 승인을 받아 사용하였다. 편지는 워싱턴 D.C.의
    의회도서관에 소장되어 있다. 한나 아렌트가 마틴 하이
    데거와 엘프리데 하이데거에게 보낸 편지는 한나 아렌
    트 재단의 승인을 받아 사용하였다. 마틴 하이데거가
    한나 아렌트에게 보낸 편지는 한나 아렌트 재단의 승인
    을 받아 열람하였다.

서문

1 아렌트가 하이데거에게, 1960년 10월 28일, 발송되지 않음, ALT.

2 아렌트가 블뤼허에게, 1945년 8월. LC.

3 Lotte Kohler & Hans Saner, eds, *Hannah Arendt/ Karl Jaspers Briefwechsel 1926-1969* (Munich: Piper, 1985), p.233-237.

4 아렌트가 하이데거에게, 1954년 5월 8일, ALT.

5 아렌트가 하이데거에게, 1974년 7월 26일, ALT.

6 아렌트가 블뤼허에게, 1950년 2월 8일, LC.

본문

7 휴고 오트와의 인터뷰, 독일, 프라이부르크, 1991년 8월 1일

8 *New York Review of Books*, 1971년 10월 21일. 하이데거가 80세가 되던 1969년에 독일 잡지인 *Merkur*에 처음으로 발표되었다.

9 Karl Loewith, *Mein Leben in Deutschland vor und nach 1939* (stuttgart: Metzler, 1986), p.42-43.

10 Fritz Heidegger, "Martin Heidegger zum 80 Geburtstag von seiner Heimatstadt Messkirch" (Frankfurt am Main: Klostermann, 1969), p.60.

11 Walter Beimel and Hans Saner, eds., *Martin Heidegger/ Karl Jaspers Briefwechsel 1920-1963* (Frankfurt am Main:

Piper, 1990), p.46.

12 Kaete Fuerst, Ramat Hasharon과의 인터뷰, 이스라엘, 1990년 1월 13일.

13 아렌트가 하이데거에게, 1950년 2월, ALT.

14 아렌트가 하이데거에게, 1960년 10월 28일, ALT.

15 Hugo Ott, *Martin Hedeggger, Unterwegs zu seiner Biographie* (Frankfurt/New York: Campus Verlag, 1988), p.183.

16 멜빈 힐(Melvyn Hill)이 저자에게 보낸 편지, 1993년 3월 3일.

17 아렌트가 블뤼허에게, 1937년 9월 18일, LC.

18 Kaete Fuerst, Ramat Haharon과의 인터뷰, 이스라엘, 1990년 1월 13일.

19 아렌트가 블뤼허에게, 1950년 2월 8일, LC.

20 Hannah Arendt, *Denktagebuch*, 1953, ALT.

21 Joachim W. Storck, ed., *Martin Heidegger/ Elisabeth Blochmann Briefwechsel 1918-1969* (Marbach am Neckar: Deutsche Shillergesellschaft, 1989), p.22-23.

22 아렌트가 하이데거에게, 1928년 4월 22일, ALT.

23 Elke Schubert, ed., *Geunther Anders antwortet* (Berlin: Tiamat, 1927), p.24.

24 위의 책, p.24-25.

25 아렌트가 하이데거에게, 날짜 미상, 1929년 봄으로 추정됨. ALT.

26 아렌트가 하이데거에게, 날짜 미상, 1929년 가을로 추정됨. ALT.

27 Ulrich Sieg, "Die Verjudung des deutschen Geistes, Ein unbekannter Brief Heideggers" (2 October 1929), *Die Zeit*, 29 December 1989.

28 아렌트가 블뤼허에게, 1936년 8월 11일, LC.

29 블뤼허가 아렌트에게, 1936년 8월 12일, LC.

30 아렌트가 블뤼허에게, 1936년 8월 19일, LC.

31 블뤼허가 아렌트에게, 1936년 8월 12일, LC; 아렌트가 블뤼허에게, 1936년 8월 19일, LC.

32 블뤼허가 아렌트에게, 1936년 8월.

33 아렌트가 블뤼허에게, 1936년 8월 12일, LC.

34 아렌트가 블뤼허에게, 1936년 8월 24일, LC.

35 아렌트가 블뤼허에게, 1936년 11월 24일과 1936년 11월 26일, LC.

36 아렌트가 블뤼허에게, 1937년 9월 18일, LC.

37 위의 책.

38 블뤼허가 아렌트에게, 1936년 8월, LC.

39 아렌트가 블뤼허에게, 1936년 8월 19일, LC.

40 블뤼허가 아렌트에게, 1937년 9월 19일, LC.

41 아렌트가 블뤼허에게, 1937년 2월 10일, LC.

42 Biemel and Saner, *Heidegger/ Jaspers Briefwechsel*, p.213.

43 아렌트가 블뤼허에게, 1949년 12월 26일, LC.

44 Kohler and Saner, *Arendt/Jaspers Briefwechsel*, p.204.

45 Hans Saner, ed., *Karl Jaspers Notizen zu Martin Heidegger* (Munich: Piper, 1979). p.7.

46 위의 책, p.141.

47 Karl Jaspers, *Philosophische Autobiographie* (Munich: Piper, 1977), p.97.

48 Beimel and Saner, *Heidegger/ Jaspers Briefwechsel*, p.42.

49 Sanar, *Jaspers Notizen*, p.92.

50 위의 책, p.87.

51 Jaspers, *Philosophische Autobiographie*, p.101.

52 Biemel and Saner, *Heidegger/ Jaspers Briefwechsel*, p.156.

53 위의 책, p.146-147.

54 위의 책, p.196.

55 위의 책, p.197.

56 위의 책, p.196-198.

57 아렌트가 블뤼허에게, 1952년 5월 24일, LC.

58 Adolf Hitler, *Mein Kampf* (Munich: Zentralverlag d.NSDAP, 1940), p.414.

59 Ott, *Heidegger*, p.183.

60 위의 책, p.316.

61 Guenther Neske, Emil Kettering, eds, *Antwort, Martin Heidegger im Gespraech* (Pfullingen: Guenther Neske, 1988), p.206.

62 위의 책. p.206-207.

63 Ott, Heidegger, p.201-213.

64 Martin Heidegger, "An das Akademische Rektorat der Albert-Ludwig Universitaet," 4 November 1945, ALT; also in Richard Wolin, ed., *The Heidegger Controversy* (New York: Columbia University Press, 1991), p.61-66.

65 Ott, *Heidegger*, p.211.

66 아렌트가 블뤼허에게, 1952년 6월 13일, LC.

67 Storck, *Heidegger/ Blochmann Briefwechsel*, p.90.

68 Friedrich Oehlkers to Karl Jaspers, 15 December 1945, courtesy of Hugo Ott; also in Ott, *Heidegger*, p.135.

69 Storck, *Heidegger/ Blochmann Briefwechsel*, p.71.

70 Loewith, *Mein Leben*, p.57.

71 Ott, *Heidegger*, p.295.

72 위의 책, p.280-287.

73 Martin Heidegger, "An das Akademische Rektorat⋯s" ALT.

74 Ott, *Heidegger*, p.250.

75 Martin Heidegger, "An das Akademische Rektorat⋯" ALT.

76 Jaspers, *Philosophische Autobiographie*, p.102.

77 Ott, *Heidegger*, p.322-323.

78 Hannah Arendt, "What is Existenz Philosophy?" *Partisan Review*, no. 1 (1946): p.46.

79 Kohler and Saner, *Arendt/ Jaspers Briefwechsel*, p.79.

80 위의 책, p.84.

81 위의 책, p.178.

82 위의 책, p.204.

83 아렌트가 블뤼허에게, 1949년 12월 18일, LC.

84 아렌트가 블뤼허에게, 1950년 1월 3일, LC.

85 아렌트가 블뤼허에게, 1950년 2월 5일, LC.

86 아렌트가 하이데거에게, 1950년 2월 9일, ALT.

87 아렌트가 블뤼허에게, 1950년 2월 8일, LC.

88 Kohler and Saner, *Arendt/ Jaspers Briefwechsel*, p.204.

89 아렌트가 하이데거에게, 1950년 2월 9일, ALT.

90 아렌트가 블뤼허에게, 1950년 2월 8일, LC.

91 아렌트가 하이데거에게, 1950년 2월 9일, ALT.

92 아렌트가 엘프리데 하이데거에게, 1950년 2월 10일, ALT.

93 아렌트가 블뤼허에게, 1950년 3월 7일, LC.

94 블뤼허가 아렌트에게, 1952년 5월 10일, LC; 아렌트가 블뤼허에게, 1952년 5월 18일, LC.

95 아렌트가 블뤼허에게, 1952년 4월 24일, LC.

96 아렌트가 블뤼허에게, 1952년 5월 24일, LC.

97 블뤼허가 아렌트에게, 1952년 5월 29일, LC.

98 블뤼허가 아렌트에게, 1952년 7월 5일, LC.

99 아렌트가 블뤼허에게, 1952년 5월 30일, LC.

100 아렌트가 블뤼허에게, 1952년 6월 6일, LC.

101 아렌트가 블뤼허에게, 1952년 6월 13일, LC.

102 블뤼허가 아렌트에게, 1952년 6월 14일, LC.

103 아렌트가 블뤼허에게, 1952년 6월 20일, LC.

104 아렌트가 블뤼허에게, 1952년 6월 13일, LC.

105 블뤼허가 아렌트에게, 1952년 6월 21일, LC.

106 아렌트가 블뤼허에게, 1952년 6월 26일, LC.

107 아렌트가 블뤼허에게, 1952년 7월 1일, LC.

108 아렌트가 블뤼허에게, 1952년 6월 26일, LC.

109 블뤼허가 아렌트에게, 1952년 6월 28일, LC.

110 아렌트가 블뤼허에게, 1952년 6월 25일, LC.

111 아렌트가 블뤼허에게, 1952년 7월 18일, LC.

112 아렌트가 존 M. 외스터라히어 신부에게, 1952년 8월 23일, ALT.

113 Kohler and Saner, *Arendt/ Jaspers Briefwechsel*, p.368.

114 아렌트가 하이데거에게, 1954년, ALT.

115 아렌트가 블뤼허에게, 1955년 5월 25일, LC.

116 아렌트가 블뤼허에게, 1955년 11월 14일, LC.

117 블뤼허가 아렌트에게, 1955년 11월 말, LC.

118 아렌트가 블뤼허에게, 1955년 11월 28일, LC.

119 블뤼허가 아렌트에게, 1955년 12월 초, LC.

120 Ott, *Heidegger*, p.305.

121 Storck, *Heidegger/ Blochmann Briefwechsel*, p.72.

122 위의 책, p.104.

123 위의 책, p.102-103.

124 위의 책, p.120.

125 아렌트가 블뤼허에게, 1955년 11월 28일, LC.

126 아렌트가 블뤼허에게, 1956년 10월 31일, LC.

127 Kohler and Saner, *Arendt/ Jaspers Briefwechsel*, p.666.

128 Beimel and Saner, *Heidegger/ Jaspers Briefwechsel*, p.198.

129 위의 책, p.202.

130 위의 책, p.203.

131 위의 책, p.207-211.

132 위의 책, p.212.

133 위의 책, p.213.

134 Jaspers, *Notizen*, p.7.

135 위의 책, p.7.

136 아렌트가 블뤼허에게, 1961년 5월 28일, LC.

137 아렌트가 블뤼허에게, 1958년 5월 25일, LC.

138 아렌트가 하이데거에게, 1960년 10월 28일.

139 Kohler and Saner, *Arendt/ Jaspers Briefwechsel*, p.484.

140 위의 책, p.494.

141 위의 책, p.496.

142 위의 책, p.663.

143 위의 책, p.665-666.

144 위의 책, p.669-670.

145 위의 책.

146 아렌트가 하이데거에게, 1966년 10월 16일, ALT.

147 하이데거의 서명, 마틴 하이데거 문서보관소, 독일 문서
보관소, 마르바하.

148 위와 같음.

149 아렌트가 엘프리데 하이데거에게, 1969년 5월 17일,

ALT.

150 위와 같음.

151 아렌트가 하이데거에게, 1971년 7월 28일, ALT.

152 아렌트가 하이데거에게, 1974년 7월 26일, ALT.

역자후기

   이 책은 사랑에 관한 이야기이다. 사랑의 열정과 눈멂, 오해와 자기기만을 다룬다는 점에서 사랑에 관한 어떤 핵심을 건드리고 있다. 어쩌면 혹자는 이 책을 흔하디흔한 불륜 서사의 하나라고 치부해버릴지 모르겠다. 20세기의 가장 저명한 두 철학자인 한나 아렌트와 마틴 하이데거를 천박한 가십거리로 다루고 있다며 분통을 터트릴지도 모를 일이다. 하지만 두 사람의 사랑 이야기는 불안과 무의 심연을 지닌 인간의 오묘함과 나약함을 가감 없이 보여주고 있으며, 어떤 의미에서는 평범한 '존재자'인 두 사람의 '존재'를 열어젖히고 공개함으로써 그동안 두 철학자를 존경해 온 독자들에게 흔치 않는 독서 경험을 제공한다.

   엄격하고 추상적인 사상가로 알려진 하이데거가 이 책에서 보여주는 허위의식과 거짓말, 광적인 집착과 상투적인 연애편지 등은 이 위대한 철학자를 혐오스럽게 여기도록 만들기보다는, 그를 살과 피가 흐르는 보통의 지구인으로, 평범한 독자인 우리와 비슷한 성향을 지닌 존재자로 이해하도록 돕는다. 우리가 한 사람을 인간으로 혹은 사상가로 깊이 이해하기 위해서는 그 사람이 지닌 모든 음영, 즉 그를 구성하는 양각과 음각에 골고루 시선을 던져야 하는 것이다. 어쩌면 하이데거가 기존의 형이상학에서 자명하다고 여긴 '존재'개념을 자신의 철학적 질문의 시작이자 사유의 단초로 삼았던 이유는 자신을 포함한 인간 존재자들이 지닌 이러한 신비하고 오묘한 양상 때문이 아니었을까 싶다.

아렌트의 경우, 하이데거와의 관계에서 시종일관 보여주는 극적이고 고통스러운 자기모순은 그녀의 사상에 경외심을 품어온 독자에게 일종의 충격으로 다가올 수 있다. 반유대주의와 제국주의라는 전체주의의 기원, 그리고 나치즘과 파시즘을 포함한 전체주의 체계를 그토록 논리적으로 비판한 이 유대인 사상가가 어떻게 나치즘 이념에 찬동하고, 12년 동안이나 나치당적을 유지한 하이데거를 적극적으로 변호하고 두둔하며, 사랑할 수 있었을까? 하지만 이러한 질문은 아렌트에게는 애초에 무의미한 것이었을지도 모른다. 그녀에게 있어서 하이데거는 사랑하는 연인의 의미를 훨씬 넘어서는 것이었고, 철학이나 정신 (Geist) 그 자체, 혹은 첫사랑이나 순수 그 자체와도 같은 것이었기 때문이다.

두 사람이 처음 만났을 때 열여덟 살의 대학 일학년생 이었던 아렌트는 당시 『존재와 시간』을 집필 중이던 서른 다섯 살의 하이데거를 통해 철학과 정신의 세계로 입문할 수 있었다. 그녀에게 하이데거는 연인인 동시에 스승이었 고, 철학과 동격의 의미를 가진 신적인 존재였던 것이다. 당시 하이데거가 몰두하던 고대 철학과 현대 철학, 시, 문 학, 음악 등은 아렌트의 지적 자양분이 되어 그녀의 사상 에 고스란히 흡수되었다. 1958년, 『인간의 조건』 출간 직 후 아렌트가 하이데거에게 "모든 면에서, 거의 모든 것에 서 당신에게 빚을 졌어요."라고 고백했듯이, 아렌트의 지 적·정서적 기반의 원천은 하이데거로부터 비롯되었다고 할 수 있다. 그러므로 하이데거가 제2차 세계대전 이후 나 치 전력의 흔적을 지우기 위해 거짓 진술을 일삼았을 때 아렌트가 하이데거를 향해 보여준 지지와 신뢰의 태도는 단순히 옛 연인(혹은 현재의 연인)을 향한 변치 않는 사 랑의 행위를 넘어선 것이었다. 즉 하이데거를 부인하는 일은 아렌트 자신의 정서적·사상적 기반을 뒤집는 일이 었고, 그동안 그녀가 헌신해온 철학과 정신을 배반하는 일이기도 했던 것이다. 어쩌면 범상한 남녀관계를 뛰어넘어 자신의 첫사랑에 50여 년 동안이나 충실한 아렌트야말로, 그녀가 일평생 강조한 관계의 '충실' 혹은 진정한 의미의 '우정'을 몸소 실천한 장본인이었을 것이다.

이 책의 주인공은 당연하게도, 반세기 동안 삶의 환희와 질곡을 공유한 두 철학자 한나 아렌트와 마틴 하이데거이다. 하지만 책의 내용을 좀 더 면밀하게 살펴보면, 저자인 에팅거 역시 제3의 주인공이라는 사실을 눈치 챌 수 있다. 폴란드 출신의 유대인이자 교수이며 소설가인 저자는 두 철학자 사이에 오간 편지와 자료들을 제시하고 논평하는 과정에서 은연중에, 때로는 노골적으로, 자신의 호불호를 드러내고 있다. 즉 아렌트를 향한 무한한 애정, 그리고 하이데거에 대한 다소 신랄한 감정의 여운이 행간에 숨어 있는 것이다. 미국에서 이 책이 출간된 직후 하이데거 측에서 서둘러 두 철학자의 서신들을 전격 공개한 이유도 이러한 사실과 무관하지 않을 것이다. 그러나 행간에서 살아 숨 쉬는 저자의 관점과 해석 역시 책의 소중한 일부분이다. 이제 이 책은 다시 새로운 독자의 해석과 관점을 만나게 될 것이고, 벤야민이 의미한 '사후의 삶'을 살게 될 것이다.

번역하는 동안 이 두 철학자야말로 하이데거가 의미한

'현존재' 즉 존재를 이해한 실존의 존재자들이었다는 생각이 들었다. 아렌트와 하이데거는 사상가들이었지만 둘 다 일평생 시를 썼고 문학을 가까이했다. 1950년 이후에 행한 「언어는 말한다」라는 제목의 강연에서 하이데거는 다음과 같이 말한 바 있다. "언어는 … 우리를 어디로 데려다 줄 것인가? … 우리는 단지, 단 한 번만이라도, 우리가 이미 있는 곳으로 당도하길 원할 뿐이다." 하지만 이처럼 선험적으로 '이미 있는' 그곳에 도달하기란, 미욱한 번역자에게는 애초에 불가능한 일이었다. 언어와 언어, 문화와 문화 사이의 간극 속에서 '번역가의 과제'를 온전히 수행하기란 그야말로 요원한 일이라는 걸 번역을 하는 동안 매 순간 깨닫게 되었다.

책이 나오기까지 도움을 준 산지니 출판사의 강수걸 사장님과 양아름 편집자에게 감사드린다.

한나 아렌트와 마틴 하이데거

초판 1쇄 발행 2013년 8월 1일
개정판 1쇄 발행 2024년 12월 9일

지은이 엘즈비에타 에팅거
옮긴이 황은덕
펴낸이 강수걸
편집 이선화 강나래 이소영 오해은 이혜정 김효진 방혜빈
디자인 권문경 조은비
펴낸곳 산지니
등록 2005년 2월 7일 제333-3370000251002005000001호
주소 부산시 해운대구 수영강변대로 140 BCC 626호
전화 051-504-7070 | 팩스 051-507-7543
홈페이지 www.sanzinibook.com
전자우편 sanzini@sanzinibook.com
블로그 http://sanzinibook.tistory.com

ISBN 979-11-6861-400-0 03990